Os volumes desta coleção trazem uma análise ampla e esclarecedora sobre os vários processos envolvidos no desenvolvimento das atividades que caracterizam a educação superior. São explorados os principais temas que devem ser profundamente conhecidos por professores e demais profissionais da educação nesse nível de ensino, desde os vinculados aos campos administrativo e político até os relativos à didática, à avaliação, à aprendizagem, à pesquisa e às relações pedagógicas. O objetivo é possibilitar que o leitor reflita criticamente sobre a constituição e o funcionamento da educação superior no Brasil.

Volume 1
Gestão da Instituição de Ensino e Ação Docente

Volume 2
Processo Avaliativo no Ensino Superior

Volume 3
Educação Superior Brasileira: Política e Legislação

Volume 4
Aprendizagem do Aluno Adulto: Implicações para a Prática Docente no Ensino Superior

Volume 5
Mediações Tecnológicas na Educação Superior

Volume 6
Pesquisa como Princípio Educativo

Volume 7
Relação Professor-Aluno-Conhecimento

Volume 8
Organização e Estratégias Pedagógicas

Sidinei Pithan da Silva
José Francisco Grezzana

Pesquisa como
Princípio Educativo

Rua Clara Vendramin, 58 . Mossunguê
CEP 81200-170 . Curitiba . PR . Brasil
Fone: (41) 2106-4170
www.intersaberes.com
editora@editoraintersaberes.com.br

Conselho editorial
Dr. Ivo José Both (presidente)
Dr.ª Elena Godoy
Dr. Nelson Luís Dias
Dr. Neri dos Santos
Dr. Ulf Gregor Baranow

Editora-chefe
Lindsay Azambuja

Supervisora editorial
Ariadne Nunes Wenger

Analista editorial
Ariel Martins

Análise de informação
Gustavo Scheffer

Revisão de texto
Keila Nunes Moreira

Capa
Denis Kaio Tanaami

Projeto gráfico
Bruno Palma e Silva

Diagramação
Icone Ltda.

Iconografia
Danielle Scholtz

Dados Internacionais de Catalogação na Publicação (CIP)
(Câmara Brasileira do Livro, SP, Brasil)

1ª edição, 2013.
Foi feito o depósito legal.

Silva, Sidinei Pithan da
  Pesquisa como princípio educativo/Sidinei Pithan da Silva, José Francisco
Grezzana. – Curitiba: InterSaberes, 2013. – (Coleção Metodologia da
Educação no Ensino Superior; v. 6).

  Bibliografia
  ISBN 978-85-8212-593-9

  1. Ensino superior – Pesquisa 2. Pesquisa-ação 3. Pesquisa – Estudo e ensino
(Superior) 4. Prática de ensino – Estudo e ensino (Superior) 5. Professores
universitários – Formação profissional I. Grezzana, José Francisco. II. Título. III. Série.

12-09988   CDD-378.0072

Índices para catálogo sistemático:
1. Ensino superior: Pesquisa: Educação 378.0072

Informamos que é de inteira responsabilidade dos autores a emissão de conceitos.

Nenhuma parte desta publicação poderá ser reproduzida por qualquer meio ou forma
sem a prévia autorização da Editora InterSaberes.

A violação dos direitos autorais é crime estabelecido na Lei nº 9.610/1998 e punido
pelo art. 184 do Código Penal.

Sumário

Introdução, 15

A universidade e a questão do conhecimento e da pesquisa na contemporaneidade, 19

    1.1   A teoria do conhecimento na modernidade, 22

    1.2   A teoria do conhecimento na crise da modernidade, 40

Síntese, 52

Indicações culturais, 53

Atividades de Autoavaliação, 54

Atividades de Aprendizagem, 57

A prática pedagógica e a questão da integração das atividades de ensino, pesquisa e extensão, 61

    2.1   O trabalho docente integrado à pesquisa, 64

2.2 Professores: sujeitos do conhecimento, 67

2.3 A pesquisa em sala de aula, 72

2.4 Conhecimento: finalidade e sentido, 76

Síntese, 80

Indicações culturais, 80

Atividades de Autoavaliação, 81

Atividades de Aprendizagem, 82

A docência e a questão da construção do conhecimento na contemporaneidade: a pesquisa como princípio educativo, 85

3.1 A pesquisa como princípio educativo, 88

3.2 A pedagogia dialética do ensino com pesquisa, 112

Síntese, 128

Indicações culturais, 129

Atividades de Autoavaliação, 130

Atividades de Aprendizagem, 133

As mudanças sociais contemporâneas e a questão da formação profissional, 137

4.1 As mudanças sociais contemporâneas, 140

4.2 A pesquisa na formação universitária, 162

Síntese, 167

Indicações culturais, 168

Atividades de Autoavaliação, 169

Atividades de Aprendizagem, 172

Referências por capítulo, 175

Referências, 181

Bibliografia comentada, 191

Gabarito, 193

Apresentação

A busca pela compreensão do papel e da função da pesquisa no universo da formação universitária consiste no grande tema deste livro. Construir uma visão articulada acerca da trajetória das teorias e dos métodos de ensino e aprendizagem nos permite entender a serviço de qual lógica social e histórica está voltada a construção do conhecimento na educação superior. O ensino com pesquisa, numa concepção dialética, pode ser um dos caminhos centrais para favorecer a mudança na cultura do ensino e da aprendizagem na educação universitária, desde que o entendamos para além da imanência, do reducionismo e do pragmatismo do mercado. Situá-lo no bojo das mudanças históricas e das transformações que ocorrem na dinâmica do mundo produtivo, social e cultural possibilita incorporar a riqueza das novas concepções produzidas no interior da ciência e da filosofia, tencionando-as para a construção de profissionais/cidadãos pesquisadores, capazes não apenas de **consumir** conhecimentos, ou mesmo de **reproduzir** as práticas sociais, mas também de **reconstruir** crítica e ativamente o conhecimento produzido historicamente e, com isso, **transformar** a realidade sócio-histórica no caminho político desejado.

O primeiro capítulo tenta traçar a trajetória da racionalidade moderna e seus desdobramentos no projeto educacional universitário. Busca, sobretudo, contribuir para a compreensão de como se deram os sustentáculos teóricos da educação moderna e de como foi pensada e elaborada a lógica da pesquisa e do conhecimento científico. Destaca, de forma veemente, a crise dos pressupostos da modernidade a partir das transformações econômicas, políticas e culturais contemporâneas, evidenciando as mudanças nas formas de conceber a ciência, bem como a filosofia e as artes. Situa, assim, em termos contextuais, os desafios que rondam a prática universitária contemporânea, sejam eles políticos (neoliberalismo), econômicos (acumulação flexível), ou epistêmicos (crise da razão). Serve, em sua totalidade, como tomada de consciência dos muitos problemas implicados na prática de construção de conhecimento, permitindo, assim, a superação de uma racionalidade ingênua acerca do pensar e do fazer na educação superior.

O segundo capítulo busca esclarecer os elementos centrais compreendidos na prática pedagógica universitária e destaca formas de articular a pesquisa, a extensão e o ensino. Nele se discutem as categorias de conteúdo e de método englobadas na prática da pesquisa e investigação do real. Isso se torna fundamental para que se possa vislumbrar, na prática pedagógica universitária, um horizonte histórico viável à construção de um conhecimento que se ancore numa dimensão de conhecimento: a) significativa; b) crítica; c) criativa e d) duradoura. O aspecto da significação torna-se fundamental no ato ensinar, a fim de facilitar o processo de aprendizagem e ancoragem desta em questões que interessam aos educandos. O caráter crítico do ensino volta-se para o aspecto do esclarecimento das relações entre o conhecimento e o mundo em que vivemos. O aspecto criativo do conhecimento possibilita ao educando reconstruir antigas verdades, suplantando verdades dogmáticas, e assim transformar a realidade de forma consciente. O aspecto duradouro do conhecimento refere-se à possibilidade de construir referências que possam servir como fonte de influência no seu modo de ser, em qualquer situação vivida.

O terceiro capítulo sinaliza a questão dos desafios docentes na construção do conhecimento na contemporaneidade. Aponta a pesquisa como princípio educativo, capaz de orientar o trabalho docente na educação superior. O ensino e a extensão ganham novo fôlego a partir da compreensão de que a pesquisa consiste na **tarefa basilar** da educação superior, não sendo apenas metodologia, mas também finalidade desta. A universidade precisa superar a prática do mero consumo de conhecimento, pronto e acabado, para incorporar a prática da reconstrução do conhecimento, o que significa, para a docência, a necessidade de não assumir uma visão fechada e abstrata de ciência e realidade, inoperante em relação à realidade social e profissional cotidiana. Tematizar esse vínculo, a partir da concepção de que a sociedade se faz e se refaz a partir da educação, consiste numa forma de destacar os papéis a serem desempenhados na educação superior, no sentido da reconstrução dos significados sociais produzidos e legitimados de forma ingênua e ideológica no coletivo social. O capítulo sinaliza, de forma objetiva, para os diferentes e principais métodos de construção do conhecimento na universidade, apontando para a importância de uma prática pedagógica complexa, comunicativa e intertransdisciplinar, centrada na concepção dialética do conhecimento. Professores e educandos emergem como sujeitos sociais, produtivos e comunicativos, situados numa lógica de pesquisa e de aprendizagem permanente, em que nenhum dos dois é centro do processo educacional, mas ambos participam de forma diferenciada na reconstrução do conhecimento sócio-histórico.

O quarto capítulo explicita as principais mudanças sociais contemporâneas, aprofundando a questão da formação profissional e da construção do conhecimento mediada pela pesquisa e pelo educador. Discutem-se as novas formas culturais possibilitadas pelo advento de uma sociedade mediatizada, na qual a tecnologia e a informação tornam-se fatores distintos na constituição dos sujeitos. Inserem-se as novas problemáticas do conhecimento a partir das novas necessidades da economia globalizada e da reestruturação produtiva do capital, o qual passa a exigir dos trabalhadores novos perfis profissionais em relação ao domínio e produção da informação. A necessidade de romper com informações fragmentadas, técnicas desatualizadas e capacidades de conhecimento limitadas, que originam o conformismo político, torna a prática pedagógica universitária importante no sentido de construir os elementos criativos e críticos, indispensáveis à legitimação de novas práticas profissionais, políticas, sociais e culturais.

Introdução

O esforço teórico deste livro e sua contribuição para a prática social da educação consiste numa forma de evidenciar que a "pesquisa como princípio educativo" torna-se um imperativo para a mudança da cultura educacional brasileira, desde que não a compreendamos como uma mera metodologia ou um "paliativo" prático do ensino "transmissivo". A busca em alicerçar a prática da pesquisa no interior dos processos de formação na universidade é mais do que um apêndice ou uma simples escolha metodológica, é, isto sim, tarefa e finalidade da educação superior, que não pode ser delegada ao momento do término do curso, mas atravessá-lo em todos os seus momentos. Aprender a pesquisar, a buscar a compreensão da lógica do conhecimento e de sua relação com as necessidades históricas, identificando seus problemas e criando formas de solucioná-los em âmbito teórico-prático, não pode ser apenas tarefa dos professores, mas também dos educandos/cidadãos/profissionais da sociedade contemporânea. Por isso, a pesquisa como princípio educativo não é apenas uma tarefa e uma forma de buscar a formação de pesquisadores profissionais, mas também de profissionais pesquisadores. Estes apropriam-se dos "conteúdos historicamente acumulados" e dos "métodos de construção de conhecimento", incorporando-os em sua luta diária/cotidiana pela reconstrução da ciência, de suas técnicas e dos seus significados em âmbito profissional, cultural, político e social.

Nesse contexto, a pesquisa como princípio educativo significa uma opção teórico-metodológica que tenta romper com uma forma histórica estabelecida há muito tempo na educação superior brasileira: a do ensino como "mera transmissão de conhecimento" (método escolástico), característico da educação medieval, ou a do ensino como "construção do conhecimento pelo sujeito" (método escolanovista), característico da educação moderna. Nessas duas culturas do ensino (métodos de construção do conhecimento) se priorizavam concepções de educação profundamente enraizadas em determinadas concepções de conhecimento, mundo, homem e sociedade; ou acreditava-se que o educando era objeto, fiel depositário de um conhecimento e de uma verdade metafísica esquecida de seus fundamentos, como sustentou a educação medieval (educação como "mera transmissão"), na qual prevalecia a cultura do ensino sobre a da aprendizagem, do professor sobre o educando; ou acreditava-se que o educando era sujeito individualizado, construtor de um conhecimento e de uma verdade científica esquecida de seus fundamentos históricos, como sustentou a educação moderna (educação como construção de conhecimento pelo sujeito), na qual há a cultura da prevalência da aprendizagem sem o ensino, ou do aluno como pesquisador "atomizado" (individualizado).

Assim, o presente livro, em sua totalidade, explicita as principais mudanças da sociedade contemporânea, situando os principais desafios dos docentes na construção do conhecimento; caracteriza as principais mudanças ocorridas no interior da ciência, a partir dos processos de mudança paradigmática em curso; mostra e esclarece as interdependências entre as mudanças paradigmáticas no interior da ciência, da filosofia e da educação, expondo suas interfaces com as dinâmicas do capitalismo; evidencia a necessidade de construção de processos educativos que rompam com a esfera da racionalidade instrumental, com o primado do econômico sobre o político, buscando superar o estado do conformismo político da sociedade contemporânea; destaca, em última instância, a pesquisa como princípio educativo, enquanto elemento articulador, em nível educacional, capaz de propiciar novas formas de pensar e desenvolver o conhecimento voltado à emancipação, à cidadania e à democracia.

Capítulo 1

Neste capítulo veremos que a teoria do conhecimento que embasou e embasa a educação e a lógica da pesquisa universitária possui seus fundamentos nos pressupostos da lógica científica e social moderna que se iniciou na Europa a partir do século XVII. Ela possui, portanto, os condicionantes históricos que deram sustentabilidade ao projeto da modernidade social, científica e filosófica – expressos na sociedade industrial e no iluminismo europeu.

A universidade e a questão do conhecimento e da pesquisa na contemporaneidade

O trabalhador/profissional formado no projeto da universidade moderna tornou-se um "bárbaro" especializado (Ortega y Gasset, 2008), consumidor de ciência fragmentada, capaz cada vez mais de entender de uma ciência e de uma técnica especializada, mas incapaz de compreender e participar da totalidade da vida social, ética e política. Nesse âmbito, veremos que essa forma de racionalidade moderna entra em crise ao longo do século XX, sendo impactada por transformações econômicas, sociais, culturais, científicas e filosóficas. Sob esse prisma, a lógica moderna da pesquisa e da formação universitária é desafiada a compor outros critérios e requisitos para atender às necessidades contemporâneas. As práticas de ensino na educação superior, da mesma forma que nas outras instâncias, são desafiadas a mudarem, emergindo a importância da integração entre ensino, pesquisa e extensão. Assim, destacamos a necessidade de uma prática investigativa e pedagógica cada vez mais inter e transdisciplinar, que seja significativa e coerente com a complexidade da sociedade neste momento histórico. Entender, numa perspectiva articulada, todas as mudanças que estão na base do nosso projeto civilizatório e educacional constitui a razão deste capítulo, o qual prepara o entendimento acerca da dimensão, da importância e das condições de assumir a pesquisa como princípio educativo na educação superior.

1.1 A teoria do conhecimento na modernidade

As profundas mudanças que marcaram o século XX promoveram desafios significativos em relação à formação humana e, de forma especial, à formação universitária. Essas mudanças repercutiram não somente na forma de educar, mas, fundamentalmente, no próprio sentido da educação. Os diferentes estudos e teorizações educacionais que tentam dar conta das principais transformações ocorridas no âmbito da educação universitária situam-se na interface das grandes transformações no interior da ciência, da filosofia, da técnica, da cultura e da sociedade como um todo. Esses estudos assinalam e explicitam, em sua maioria, um estado de **crise e perplexidade** da sociedade contemporânea e, de forma específica, apontam mudanças quanto às funções da formação universitária. Nessas mudanças, articulam-se demandas de aceleração dos tempos de formação, com ênfase em capacidades e habilidades sociais e culturais distintas, postas pelos novos desafios oriundos das transformações no mundo produtivo, social, cultural e político.

Os desafios da docência, no contexto da "condição pós-moderna" (relação modernidade-pós-modernidade), articulam-se a partir da nova forma de acumulação do capital, que incorpora uma nova racionalidade, não mais fundada a partir do modelo fordista industrial e no modelo keynesiano, mas no neoliberalismo e na ideologia de mercado. A noção de pós-modernidade (Lyotard, 2002), ou de modernidade líquida (Bauman, 2001), ou de crise da razão moderna (Habermas, 2002), emerge no campo teórico como sintoma expressivo da crise política, econômica e social que ronda a sociedade contemporânea, pondo em xeque os fundamentos e pressupostos da modernidade e, com ela, a própria função da universidade e da docência. A reconfiguração do paradigma moderno e industrial, típico da modernidade, desafia a universidade a rever seus modelos de ensino e seus arranjos curriculares, com vistas à produção e à formação de novas capacidades intelectuais e profissionais. A pesquisa como princípio educativo emerge dessa necessidade de pensar o ensino e a formação universitária articulados a um projeto social de democracia, pautado nos critérios de uma racionalidade crítica e dialógica, fundadora de uma cidadania atuante e combativa, em termos epistemológicos, políticos e culturais.

Destaca-se, nesse âmbito, uma formação pautada na capacidade crítica de compreender e intervir na realidade social, a partir de uma postura intertransdisciplinar, na qual se conjugam as capacidades de pesquisa, de diálogo e intervenção reconstrutiva. Delineiam-se assim, nos trâmites educativos, uma possibilidade de ruptura com os modelos/paradigmas estanques e tradicionais do ensino verbalista e escolástico, centrado exclusivamente na figura do professor (típicos da sociedade medieval e da filosofia teológica), e também com os modelos/paradigmas escolanovistas (típicos da sociedade moderna e da filosofia positivista), centrados exclusivamente na figura do aluno. Assume-se, como perspectiva de esclarecimento* e de intervenção crítica, um modelo histórico-crítico, centrado numa postura dialética, em que professores e alunos participam juntos, como pesquisadores, na busca da conservação/ transformação não somente das práticas acadêmicas de conhecimento, mas também das práticas culturais, sociais, políticas e econômicas implicadas. Na reconstrução histórica das ciências e dos métodos de ensino, bem como da ressignificação das práticas culturais atuais, configuradas sob forma de conhecimento, visualizam-se, sob a ótica da pesquisa, as possibilidades de reconstrução histórica das sociedades humanas.

Desse modo, este capítulo se orienta no sentido de compreender e mapear algumas matrizes básicas que constituem ou ajudaram a constituir a "lógica curricular" e a "lógica científica, pedagógica e metodológica" dos cursos universitários no contexto contemporâneo, procurando pensar os principais desafios que estão postos à docência (no âmbito do ensino, da pesquisa e da extensão) a partir das heranças da tradição "moderna" e dos desafios da sociedade contemporânea na "condição pós-moderna" (Harvey, 2000). A formação universitária, na tradição da universidade moderna, orientou-se (e orienta-se) por pressupostos claramente oriundos do interior da própria organização da sociedade moderna e, de forma mais particular, da própria ciência e filosofia moderna. A lógica curricular e epistemológica que a alimenta, portanto, segue o mesmo ideário do projeto social moderno, sendo uma expressão categórica, num plano micro, das grandes concepções que projetaram a modernidade social, econômica, científica e filosófica:

a. a divisão social do trabalho (do predomínio da economia sobre a política – como nos ensinou Marx);

---

* **Esclarecimento:** Termo utilizado por Immanuel Kant, filósofo alemão do século XVIII, referente ao projeto da modernidade, das luzes, o qual pretendia tirar o homem de sua menoridade, ou seja, de sua incapacidade de pensar por conta própria.

b. o domínio progressivo da natureza (da racionalidade instrumental – como nos ensinou Weber);

c. a fragmentação do conhecimento para melhor conhecer (da simplificação – como nos ensinou Morin).

A análise de D'Ambrosio (2001, p. 105) destaca que

> Na plenitude do Renascimento, a Europa se orientou para um novo pensar, privilegiando o que viria a ser chamado razão e um método que seria identificado como reducionismo disciplinar. A explicação de fatos e fenômenos, até então considerados mistérios divinos, deu origem ao que chamamos a ciência moderna, que possibilita aprofundar os estudos do homem e da natureza, das artes e das religiões e da sociedade. [...] A educação, como não podia deixar de ser, assimilou a filosofia moderna. O método moderno para conhecer algo, explicar um fato e um fenômeno, baseava-se no estudo de disciplinas específicas, o que inclui métodos específicos e objetos de estudo próprios.

Interpretar, sob diferentes nuances, os sustentáculos do projeto social/filosófico/educacional da modernidade, explicitando suas funções basilares e sua lógica na construção e edificação dos sentidos e das formas da educação e sociabilidade, constitui a primeira parte deste escrito. Mostrar e evidenciar a crise desses pressupostos, decorrentes das novas matrizes produtivas, ou das novas formas de organizar o capital e o trabalho e de conceber a ciência e a filosofia na contemporaneidade/"condição pós-moderna" (Harvey, 2000), constitui a segunda parte deste escrito. Ambas circulam a partir do argumento de que a crise que se impõe à universidade provém de múltiplos lugares, mas que sua centralidade põe em cheque o sentido da educação humana, bem como a "lógica curricular" e as "práticas de ensino" tradicionais que orientaram a formação universitária no paradigma moderno e industrial. Estabelecer as bases para a adoção da pesquisa como princípio educativo em âmbito universitário/escolar se faz necessário a partir da compreensão do movimento contraditório, plural e único da sociedade contemporânea com suas diferentes instituições. Nesse prisma, citando Chaui (2001, p. 129), "do ponto de vista teórico, ou da vocação científica, a universidade brasileira precisa tomar posição ante a crise da razão, instalada com o pós-modernismo, ideologia específica do neoliberalismo". Nesse sentido, posicionar-se ante a crise da razão torna-se necessário às universidades brasileiras, a fim de que ela não adote modelos e caminhos pedagógicos que não sejam condizentes com as "novas" necessidades históricas e com os "novos" papéis que a universidade precisa desempenhar socialmente. Pensar numa concepção radical de compreender e justificar a necessidade da pesquisa como princípio educativo na educação superior só é possível nesse processo de reflexividade acerca dos processos constitutivos de nossa história social, filosófica e educacional.

Uma consideração equivocada acerca da pesquisa na educação superior, nesse sentido, seria considerá-la como elemento exclusivamente técnico, sem importância política e relevância social. Outra forma, também complicada e reducionista, de interpretar a prática da pesquisa seria subsumi-la de seus pressupostos basilares, ou seja, daquilo que a justifica e a torna legítima. A pesquisa, enquanto aparato constitutivo do currículo universitário e da educação (moderna) em geral, possui uma lógica interna que, embora possa se pretender exclusivamente técnica e operacional (neutra), está profundamente marcada por interesses políticos, sociais e culturais. Os pressupostos e fundamentos paradigmáticos que tornam legítimos certos modelos de pesquisa/ciência e certos arranjos curriculares escapam à lógica inerentemente técnica e são sempre decorrentes de modelos e necessidades sociais e políticas ampliadas. Os fundamentos que sustentam determinadas práticas, portanto, são sempre históricos, sendo marcados por jogos de poder, os quais são legitimados a partir dos interesses dos grupos sociais hegemônicos. Nesse contexto,

Moraes e Santos Filho (2000, p. 21) consideram que

> [...] *a partir do século XVIII começa no Ocidente um novo paradigma histórico – o paradigma moderno. Seu desenvolvimento inicial ocorre fora da universidade e sem sua contribuição. Só a partir do início do século XIX ela vai assimilar e incorporar as grandes transformações que vinham ocorrendo fora de seus muros e adequar-se à modernidade que se iniciara.*

A formação universitária, na tradição moderna e social, significa a plena concretização em nível individual, da mais alta aspiração da sociedade moderna, capitalista e industrial. Ela expressa, em termos de sentido e forma, os ideais a serem perseguidos para a formação de uma civilização a partir de novos moldes. Instaura, por assim dizer, uma instância responsável por preparar as novas gerações a partir dos critérios da racionalidade científica e da fé no progresso. O espaço universitário cria uma esfera capaz de produzir novas intelectualidades, capazes de criticar os dogmas e crenças que aprisionam a humanidade e impedem a evolução desta. De acordo com Rouanet (2003, p. 16), "a autonomia intelectual estava no cerne do projeto civilizatório da Ilustração. O objetivo básico era libertar a razão do preconceito, isto é, da opinião sem julgamento. Até então, a inteligência humana tinha sido tutelada pela autoridade religiosa ou secular". A universidade surge, assim, como uma tentativa audaciosa e corajosa de instaurar, no seio da própria sociedade, uma instância autônoma e reflexiva, capaz de formar sujeitos autônomos e livres. E, de outra forma, inaugura no contexto educacional um conjunto de valores e significados que precisam ser perseguidos: o progresso, a razão, o conhecimento, a história e o sujeito.

Segundo a perspectiva de Goergen (2000, p. 108),

> *A racionalidade moderna surge permeada pela mesma lógica inerente ao capitalismo nascente. Legitima-se como matriz epistêmica que*

permite ampliar a eficiência e o domínio do homem sobre a natureza e sobre os outros homens. A filosofia das luzes e o seu projeto emancipatório, acaba sendo incorporado [sic] à expansão da lógica industrial nascente. Toda a vida do indivíduo e também a da sociedade passaram a ser administradas por este padrão de racionalidade.

As sociedades liberais capitalistas difundiram, mais que em qualquer outro período da história, as oportunidades para que todos alcançassem a razão autônoma (Rouanet, 2003). A grande questão educacional que surge, nesse sentido, é a dos conteúdos e da organização das formas e dos métodos capazes de construir as novas subjetividades (centradas numa razão autônoma), requeridas nos âmbitos econômicos, políticos e sociais. No entanto, uma nova lógica curricular e epistemológica precisava ser construída para permitir a edificação dessas subjetividades. Essa lógica segue os critérios assumidos no âmbito da ciência moderna, ou seja, segue os critérios das modernas formas de conhecimento e investigação emergentes com a sociedade industrial. Ela tem a física newtoniana-cartesiana como modelo e a divisão social do trabalho como ponto de partida e de chegada na estruturação de seus currículos. Ao invés da fé em Deus e nos pressupostos da Teologia, como fora a universidade medieval, a universidade moderna investe seu projeto formador no âmbito da fé na ciência, sendo seus pressupostos derivados da matemática.

1.1.1 O surgimento das ciências naturais

O conhecimento válido e verdadeiro que funda, portanto, a lógica da pesquisa científica na modernidade, advém das ciências naturais. A física e a matemática representam as únicas formas seguras de romper com o "misticismo" e a "escolástica" medieval. Ao invés de um modelo contemplativo do mundo, o projeto social moderno assume um modelo de constante domínio e transformação da natureza. Esta se torna o foco das atenções e é no seu domínio que deve se voltar todo o empreendimento moderno. A ciência deve ser a forma segura e confiável de conhecer a natureza para melhor dominá-la. Um significativo poder de controle das forças naturais deve advir com a ampliação do conhecimento científico. Este é novo "arauto" propulsor da sociedade moderna e industrial, devendo garantir a inovação permanente das técnicas e das tecnologias.

Conforme observa Alves (1993, p. 80),

> "O livro da natureza está escrito em caracteres matemáticos" (GALILEU, Il Saggiatore). [...] A matemática demonstra relações. Ela enuncia que as relações se dão de determinada forma, fazendo silêncio completo sobre se isto é bom ou mau, feio ou bonito. Com a matemática a ciência abandona os valores. Por ser uma linguagem sem sujeito, impõem-se [sic] como a linguagem para todos e quaisquer sujeitos, não importa o que pensem ou sintam. Universal. Na Igreja Católica medieval, fora o latim. Na nova religião que se inaugura, é a matemática. Nova religião?

Assim, a burguesia, enquanto classe hegemônica, encontra na racionalidade científica moderna os pressupostos de que necessita para expandir seus domínios. O empreendedorismo, a audácia, a lógica utilitarista servem de instrumentos para ampliar a produtividade e a eficiência. A ciência, eleita como forma primeira e fundamental de conhecimento da realidade, torna serva a filosofia, que agora se transforma em epistemologia, emergindo como teoria do conhecimento científico. Instaura-se assim, com a epistemologia, o tribunal da razão, ou o lugar capaz de certificar e definir o verdadeiro do ilusório. Diferentemente da metafísica cristã, que pretendia estudar os mistérios do mundo a partir do conhecimento de Deus, a epistemologia volta-se para o estudo das "condições de possibilidade" que a subjetividade humana tem de conhecer o mundo. Marques observa que "ao estabelecer-se a subjetividade como verdade primeira, substitui-se o paradigma ontológico do ser em si pelo paradigma mentalista da razão enquanto subjetividade idealizadora, de uma consciência, espaço interno, espelho em que se refletem as realidades feitas representações" (Marques, 1996, p. 32).

Há, no momento áureo do iluminismo, uma elevação da subjetividade como categoria ontológica, ou seja, como fundamento capaz de assegurar a verdade sobre o mundo. A verdade não é mais revelação transcendente que só chega a espíritos iluminados, mas é, antes, construção da consciência humana – a verdade é, pois, uma questão transcendental. Esta é objeto de estudo fundamental, e a compreensão de suas leis assegura a possibilidade de uma construção correta e coerente da realidade. O objetivo é a certeza, a busca das leis gerais, das regularidades que constituem a "essência" da consciência humana. Antes de conhecer o mundo, a filosofia busca conhecer as "condições" que temos para conhecer o mundo. Nasce, assim, o que denominamos *espírito crítico* (Marques, 1996, p. 32). No seio da modernidade, do movimento iluminista inaugura-se o projeto da autonomia humana, caracterizado pela busca, no âmbito educacional, da maioridade humana.

Na visão de Gadotti (2001, p. 89),

> *Através de Rousseau, podemos perceber que o século XVIII realiza a transição do controle da educação da igreja para o Estado.* Nessa época desenvolveu-se o esforço da burguesia para estabelecer o controle civil (não religioso) da educação através da instituição do ensino público nacional. Assim, o controle da Igreja sobre a educação e os governos civis foi aos poucos decaindo com o crescente poder da sociedade econômica.

A crença no poder da subjetividade humana em transformar o mundo, construindo-o a partir de suas aspirações, inspira a burguesia a promover mudanças substanciais no campo da economia, da política, da ética e da educação. O conhecimento moderno, segundo Moraes e Santos Filho (2000, p. 25), nasce marcado pela "perspectiva utilitarista", prática, de fornecer os fundamentos para a organização da sociedade moderna e "para a construção das tecnologias e criação de produtos e técnicas para ajudar a humanidade". Não apenas os modos de produção darão força e impulso a essa concepção utilitarista de conhecimento, como serão também impulsionados por ela. Os pressupostos da política, da ética e da educação vincular-se-ão ao mundo produtivo nascente, sendo "tecnicizados". Há uma racionalização crescente de todas as esferas da vida social que passam a ser tuteladas pelos interesses do mundo produtivo. Moraes e Santos Filho (2000, p. 22) afirmam que "neste período ocorre o surgimento de uma modernidade cosmológica, científica, social, estética, política, econômica e antropológica, e a consolidação de três novas crenças – a crença no progresso, em princípios universais e no princípio de regularidade na natureza e na sociedade".

A noção de pesquisa e de ciência que herdamos da tradição moderna pressupõe uma forma advinda de laboratórios, com procedimentos experimentais. Imaginamos que pesquisar, produzir ciência, só é possível valendo-se de métodos quantitativos e lineares, e que somente estes alcançam a "essência" do real. Essa forma constitutiva dos parâmetros de nosso imaginário acerca da ciência, ou do que dizemos ser a ciência válida e objetiva, advém da forma hegemônica instaurada no Ocidente a partir do século XVII. Ela se torna a base do processo de conquista e expansão do domínio ocidental. A partir dela se traduzem as esperanças de romper com os dogmas, dominações e privações da natureza humana que se tornaram característicos com o domínio clerical do paradigma teológico. Mas também, através dela, evidenciam-se as contradições de um modelo demasiado rígido e fechado de ciência que foi e é incapaz de promover uma visão articulada e complexa da realidade, que dê conta dos processos de dominação instaurados a partir do conhecimento científico, bem como dos desafios sociais, educacionais, políticos, culturais e ambientais decorrentes do capitalismo tardio.

Nesse sentido, o conhecimento moderno, fundado nas ciências naturais, legitima um modelo de formação que atende exclusivamente aos interesses produtivos. A ciência especializada, capaz de prover e de construir ferramentas de transformação da natureza (técnica), torna-se a "propulsora" da economia e do lucro. Ciência, técnica, economia e lucro constituem o motor básico da racionalidade moderna. As ciências humanas e a filosofia ficam relegadas a esse estatuto de objetividade advindo das ciências naturais. A lógica pressuposta para a pesquisa é decorrente de uma perspectiva linear[*] e essencialista[**]. A complexidade do real é reduzida aos processos quantitativos e lineares das ciências naturais. Conhecer é purificar os objetos, isto é, eliminar todas as variáveis intervenientes e complicadoras. Não somente há uma simplificação do sujeito do conhecimento, mas também do objeto do conhecimento (Morin, 2001). A educação atual, ao não problematizar os ideais do salvacionismo secularizado moderno, reduzido às dimensões dinheiro e poder, remanobrados a serviço da sobrevivência sistêmica e da boa vida de apenas parte da população, corre o risco de colocar-se a serviço dos interesses ideológicos semelhantes àqueles que a educação prestou ao

---

[*] **Linear**: Procedimento lógico, referente a uma forma de pensar, em que para cada efeito há uma causa correspondente. Busca eliminar todas as variáveis intervenientes, delimitando ao máximo o objeto de estudo. Tenta excluir da prática de conhecer o próprio sujeito do conhecimento, acabando por simplificar o objeto do conhecimento e o sujeito conhecedor. Enfim, consiste num método que elimina a complexidade do real e do pensamento, não admitindo que causa e efeito possuem efeitos retroativos, interdependentes.

[**] **Essencialista**: Referente a uma postura de conhecimento que busca atingir a rocha dura do real. Acredita ingenuamente que existe uma essência, uma verdade última sobre as coisas. Pensa ser o real imutável, sem contradições, em que o pensamento coincide com o ser das coisas. Contrário a uma perspectiva dialética, a qual considera que tudo flui e se movimenta de forma contraditória, sendo o pensamento instância mediadora entre o homem e o real.

mito e à religião. Para Goergen (2004, p. 148), "ciência e técnica, à medida que objetalizam as relações humanas e, ademais, geram privilégios e mecanismos de dominação, podem ter esse mesmo papel ideológico".

1.1.2 A universidade no projeto da modernidade educacional

O projeto da modernidade educacional consiste, a partir de Locke, Rousseau e Kant, basicamente, no projeto liberal que busca as condições para formar sujeitos autônomos, isto é, sujeitos que, a partir de um esclarecimento crescente, rompem com suas condições de menoridade. A humanidade precisa sair do estado de natureza e de infantilidade, e a única forma possível de tirar o homem do estado de natureza e de infantilidade é a educação – através da força da razão. Estão se constituindo, nesse ínterim, os modernos Estados Nacionais e as formas de sociabilidade e política. A formação universitária atende a este critério fundamental, no seu mais alto grau – a de garantir a formação da maioridade dos sujeitos. *Sapere aude*, declarou Kant, para este mais elevado lema da condição humana – saber pensar por conta própria. A lógica curricular universitária que irá garantir essa maioridade deverá ser a lógica oriunda do interior das ciências da natureza, pois esta já possui um caminho seguro e harmonioso, imaginou Kant (1985). Esse caminho pretende obter uma cidadania disciplinada para o âmbito dos trabalhadores. Nas palavras de Gadotti (2001, p. 91), "menos otimista que Rousseau, Kant sustentava que o homem não pode ser considerado inteiramente bom, mas é capaz de elevar-se mediante esforço intelectual contínuo e respeito às leis morais".

Moraes e Santos Filho (2000, p. 27-23) observam que

> *Primeiro, cabe destacar que o período moderno é uma época de triunfo do humanismo secular com profundas implicações sobre a universidade. O humanismo pré-moderno era um humanismo profundamente teológico e religioso. O mundo moderno faz um rompimento com a religião, com*

a teologia e começa um período de humanismo leigo e de secularização do mundo. Essa marca está especialmente presente na universidade moderna que vai deixar de ficar atrelada à Igreja, ao Papa ou ao bispo local, para vincular-se ao poder do Estado. [...] a universidade de Berlim foi a primeira a concretizar a ideia moderna de universidade, a primeira a tornar efetiva aquela famosa frase de Kant, logo no início de seu pequeno ensaio sobre o iluminismo. O iluminismo é fundamentalmente a autonomia do pensamento, a autonomia da razão. "Aude sapere", ousa saber, escreveu Kant (1987), expressando a essência do iluminismo. Ousa pensar com tua cabeça, ousa pensar com autonomia.

Por sua vez, Gadotti (2001, p. 90) afirma que

O iluminismo educacional representou o fundamento da pedagogia burguesa, que até hoje insiste predominantemente na transmissão de conteúdos e na formação social individualista. A burguesia percebeu a necessidade de oferecer instrução, mínima, para a massa trabalhadora. Por isso, a educação se dirigiu para a formação do cidadão disciplinado. O surgimento dos sistemas nacionais de educação, no séc. XIX, é o resultado e a expressão da importância que a burguesia, como classe ascendente, emprestou à educação.

Goergen (2000, p. 108) vai considerar que

Embora não se possa atribuir a Kant a responsabilidade pelo desenvolvimento posterior, sua afirmação da primazia da razão conduziu ao domínio de uma razão estereotipada, estritamente registradora, cientificista e utilitária, restringindo o conhecimento apenas ao condizente com esta racionalidade.

O paradigma moderno de ciência, embora desenvolvido e posto em prática por Kepler, Galileu Galilei, Copérnico e Newton (principalmente), encontra na filosofia de Descartes, Comte e de Kant a sua expressão para o conjunto da vida social nascente (Oliveira, 2001, p. 16). Esse paradigma assinala a emergência do pressuposto da ordem, da linearidade e da certeza como fundamentos basilares da natureza e da vida social (Vasconcellos, 2002). A ciência nascente, inspirada no poder de transformar a natureza, concebe esta de maneira mecânica. O mundo é concebido como uma grande máquina, semelhante a um relógio, e Deus é um grande relojoeiro. A visão de mundo da sociedade moderna, "que se origina no seio da sociedade medieval, baseia-se numa visão mecânica do mundo e das coisas (a máquina é seu símbolo)" (Sacarrão, 1989, p. 44). O cosmos possui uma ordem, ela está lá, basta que os cientistas busquem compreender sua lógica. O cosmos é ordenado, a natureza está escrita em linguagem matemática, afirmara Galileu, e o conhecimento da matemática possibilitará decifrar os códigos da natureza. Há causas que explicam o acontecimento dos fenômenos da natureza, e essas causas são naturais e não divinas. A partir de um método correto os homens podem conhecê-las. A realidade é considerada simples, ordenada, observável. O tempo é linear, cumulativo, progressivo, o espaço é linear (observe no Quadro 1, apresentado a seguir, as diferenças entre os paradigmas moderno e contemporâneo de ciência, com seus desdobramentos na educação). A modernidade filosófica e científica credita suas forças não só à subjetividade, à individualidade humana, mas também ao método, que pode compreender e explicar os mistérios da natureza – as quais se assemelham às da lógica das máquinas. "Em suma, domina na ciência moderna uma visão linear, uniforme, orgânica, harmônica e estável do universo e do mundo", afirmam Moraes e Santos Filho (2000, p. 23).

Alves (1993, p. 75) observa que

> *Kepler foi um dos últimos homens medievais. Se sua visão de ciência tivesse triunfado, é possível que não tivéssemos produzido as maravilhas*

e os horrores tecnológicos de hoje. Ao invés disso, os cientistas seriam místicos contemplativos, andando em companhia de teólogos e músicos. Isto não aconteceu – não sei se felizmente ou infelizmente... A ciência moderna tem a ver com máquinas, técnicas, manipulações. A matemática não conduziu à harmonia musical. Abriu o caminho da técnica, o que inclui não só a usina hidrelétrica, como também os mísseis intercontinentais. Isto aconteceu porque uma outra ciência, adequada a este mundo, foi inaugurada por um outro especialista em decifrar códigos: Galileu.

Quadro 1 – Paradigmas moderno e contemporâneo da ciência e da educação

Ciência	Paradigma moderno de ciência – analítico	Sistemas fechados – lineares
		Lógica disciplinar – especializada
		Relações particulares – lógica analítica
	Paradigma contemporâneo de ciência – complexo	Sistemas abertos – complexos
		Lógica interdisciplinar – globalizada
		Rede de relações – lógica complexa
Educação	Paradigma moderno de educação	Prática docente disciplinar
		Pesquisa disciplinar
		Organização curricular – ciência disciplinar
		Ordem, linearidade, certeza – planejamento rígido/duradouro
	Paradigma contemporâneo de educação	Prática docente interdisciplinar
		Pesquisa interdisciplinar
		Organização curricular – ciências – interdisciplinar
		Ordem, desordem, organização – planejamento e estratégia flexíveis/móveis

O paradigma moderno de ciência, que corresponde à fase sólida da modernidade – diferentemente do paradigma contemporâneo de ciência, que corresponde à fase fluída da modernidade, o qual explicaremos no próximo tópico –, pauta-se por uma visão mecânica e linear da natureza. Ao invés de um modelo complexo da natureza, o paradigma moderno opta por um modelo linear e simplificado, objetivando produzir uma forma segura e confiável de estudar e conhecer a natureza. Afastar-se do conhecimento preconceituoso e supersticioso produzido pelo paradigma medieval (embasado na patrística e na escolástica) é a grande meta do empreendimento científico moderno. Para tanto, é necessário delimitar ao máximo um objeto de estudo, estudando cada coisa em sua especificidade. Com isso surgem as disciplinas científicas, as quais simplificam e purificam os objetos ao máximo, tentando controlar todas as variáveis. Por isso, o paradigma moderno, ao invés de pautar seus critérios de conhecimento numa lógica interdisciplinar, como sugere a epistemologia contemporânea, o faz exclusivamente a partir de uma lógica disciplinar. A epistemologia moderna, portanto, prefere, como forma de garantir a objetividade, organizar-se numa matriz de conhecimento que valida a análise ao invés da síntese, ou seja, o melhor conhecimento das partes em detrimento do conhecimento da totalidade. Isso significará, na educação básica e superior, uma forma de organizar e planejar o currículo, que seguirá modelos disciplinares. Também será a base para a formação de professores, os quais se tornarão, cada vez mais, especialistas em determinada área de conhecimento. Essa visão moderna de conhecimento será fortemente questionada na contemporaneidade por produzir uma visão fechada e linear do mundo, da natureza, do homem e da sociedade. Ao invés de uma concepção linear, fechada e simplificada de conhecimento, o paradigma contemporâneo sugere uma concepção complexa, aberta e articulada deste. A concepção de mundo na modernidade, que fora compreendida a partir da metáfora da máquina (do relógio mecânico), é repensada a partir da metáfora da máquina (do relógio digital). O desafio do conhecimento, nesse caso, não é buscar compreender uma parte isolada do todo, tampouco compreender o todo sem compreender as partes. Ao contrário, busca estabelecer as relações entre o todo e as partes.

1.1.3 A educação no projeto da modernidade científica

A condição de fragmentar as partes para melhor conhecer o todo se apresenta como umas das características fundamentais do método da ciência nascente (Soethe, 2003). Ao invés do método da totalidade orgânica pressuposta pela metafísica medieval, a metafísica moderna, com o racionalismo e o positivismo, institui o método da particularidade fenomênica. "Descartes assentou em posição dualista a questão ontológica da filosofia: a relação entre o pensamento e o ser. Convencido do potencial da razão humana se propôs a criar um método novo, científico, de conhecimento do mundo e a substituir a fé pela razão e pela ciência" (Gadotti, 2001, p. 77). É preciso criar uma ciência do particular, e a nova categoria hegemônica é a particularidade, ou seja, o método analítico*, o qual busca definir claramente uma coisa, delimitando-a e fragmentando-a ao máximo para depois organizá-la em graus crescentes. Comte, na mesma trajetória, "compreendeu que era preciso analisar todos os fenômenos, mesmo os humanos, como fatos" (Gadotti, 2001, p. 108). Gadotti (2001, p. 108) afirma que "a ciência precisava ser neutra. Leis naturais em harmonia regeriam a humanidade". Na leitura de Moraes e Santos Filho (2000, p. 32), "esta visão de razão certa e de sua concretização na revolução industrial deu origem a visões de currículo que dominam a educação até

---

* **Método analítico**: Forma de proceder, em termos de conhecimento, que busca realizar um estudo pormenorizado e específico de um determinado objeto. Segue uma lógica que separa e fragmenta, recortando em pedaços para melhor conhecer a "substância" da realidade. Preocupa-se, fundamentalmente, em decompor as partes, não aceitando o movimento, tampouco contradições.

recentemente". A sua expressão torna-se visível nas perspectivas curriculares de Bobbitt e Tyler, nas quais se encontram presentes a racionalidade técnica e o cientificismo, os quais recapitulam o paradigma da modernidade (Moraes; Santos Filho, 2000, p. 32).

Marques (1996, p. 33) analisa que

> Nesse paradigma, a consciência conhece pela representação com que se relaciona com objetos aos quais, para melhor domínio, reduz e fragmenta em especialidades compartimentadas e isoladas de todo seu contexto natural e cultural. As disciplinas científicas fecham-se em seus âmbitos estreitados e se tornam incomunicáveis entre si e inacessíveis aos não iniciados em seus segredos.

Moraes e Santos Filho (2000, p. 40) consideram que

> Ortega y Gasset (1932) vai até mesmo chamar o especialista formado na universidade de bárbaro moderno. Para ele, o cientista moderno é um novo bárbaro, aquele que sabe quase tudo sobre quase nada, aquele que não tem visão do todo ou do conjunto, nem a visão das articulações de seu conhecimento com outros colegas. E o barbarismo é tal que não há mais possibilidade de diálogo dele com outros colegas.

Na teorização pedagógica e psicológica moderna, na esteira de Descartes e Kant, Herbart formula os princípios que deveriam constituir a pedagogia científica (Gadotti, 2001). O primeiro passo, em relação à tarefa docente, seria: a) a **clareza** na apresentação do conteúdo (etapa da demonstração do objeto); o segundo: b) a **associação** de um conteúdo a outro assimilado anteriormente pelo aluno (etapa da comparação); terceiro: c) **ordenação** e **sistematização** dos conteúdos (etapa da generalização); e o quarto: d) **aplicações** a situações concretas dos conhecimentos adquiridos (etapa da aplicação). Seriam esses os princípios que objetivavam formar a moralidade e o caráter, sendo a tarefa dos educadores seguir passo a passo todas as etapas do método. A "instrução educativa" seria garantida pela força do método de ensino embasado na lógica formal. Demo (2004, p. 23) considera que "a ciência filha da lógica, procede, de preferência, linearmente. Dessa simplificação deturpante advém, no fundo, a crença – pura crendice – de que aprendemos escutando aula, tomando nota e fazendo prova". Essa lógica, como se vê, orienta-se por uma perspectiva fragmentária, de decomposição dos conteúdos em partes, seguida de associações subsequentes, com a prática de repetições das lições aprendidas. Esse seria o método da "reflexão metódica" que os alunos deveriam desenvolver mecanicamente (Gadotti, 2001, p. 99).

1.2 A teoria do conhecimento na crise da modernidade

Embora não exista um consenso acerca do que seja o **projeto social da modernidade**, e mesmo de quando tenha sido seu início e seu término (se é que terminou), este parece ter entrado em foco durante o século XVIII, sendo equivalente ao extraordinário esforço intelectual de muitos pensadores iluministas no desenvolvimento da ciência objetiva, da moralidade e das leis universais. A ideia era usar o conhecimento advindo de muitas pessoas trabalhando livre e criativamente e colocá-las a serviço da emancipação humana. O domínio da natureza prometia liberdade de escassez e uma nova forma de vencer com as adversidades e arbitrariedades naturais. Consistia numa fé no progresso, numa crença de que, com a expansão do domínio técnico, estariam superadas as necessidades e os sofrimentos pelos quais passava a humanidade. Segundo Harvey (2000, p. 15), "somente por meio de tal projeto poderiam as qualidades universais, eternas e imutáveis de toda a humanidade ser reveladas". Esse projeto parece ter vigorado de forma hegemônica, mas quanto a isso não houve consenso até meados do século XX, quando ele entra em crise. Essa crise, quase que uma dissolução no contexto da cultura contemporânea (Castoriadis, 2002, p. 108), significa não apenas a ressignificação da função da universidade e da educação, mas também põe em xeque o próprio sentido e função da educação, da universidade e da docência. Segundo a análise de Moraes e Santos Filho (2000),

> A *pós-modernidade é a terceira grande mudança paradigmática que, segundo alguns pensadores contemporâneos (LYOTARD, 1986; RORTY, 1979; BAUDRILLARD, 1998; JAMESON, 1991), estamos vivendo a partir da segunda metade do século XX. A pós-modernidade ataca a validade e a legitimidade das pressuposições básicas da modernidade. Como a universidade é essencialmente uma instituição moderna, os ataques à modernidade constituem ataques à universidade como ela é conhecida atualmente. A universidade está tão profundamente imersa nos fundamentos da modernidade que a erosão da fé no projeto moderno coloca em questão sua legitimidade, seus propósitos e atividades e, mesmo, sua razão de ser. Ao atacar a modernidade, a pós-modernidade apresenta uma interpretação hostil de tudo em que a universidade acredita e tudo que defende.*

O ataque à modernidade se faz, agora, não apenas às práticas escolares e universitárias consubstanciadas nas relações professor-aluno, no currículo, na estrutura do espaço, na concepção das crianças, mas também às finalidades constitutivas das práticas pedagógicas como um todo no interior da sociedade moderna. A busca da autonomia do sujeito, através da educação, serve, na leitura pós-estruturalista e pós-moderna, dentre outras coisas, aos mesmos interesses da razão dominadora, consubstanciada no estado liberal. O ataque à modernidade, e a tudo que a caracterizou, assume forma de pensamento radical, o qual pretende "dissolver" todas as "verdades" que se tornaram características desse período. A educação escolarizada, formal, atendeu aos interesses disciplinares, de ajustamento das classes sociais a seus lugares, correspondendo, no plano prático, à formação de sujeitos individualistas. Sobre isso, Veiga Neto (2002, p. 230) afirma: "e, dada a atuação a longo termo da educação escolar sobre a vida de (quase...) todos nós, ela é o aparelho social que mais bem e uniformemente executa a construção do sujeito moderno".

1.2.1 A crise do paradigma positivista

Enquanto a modernidade parece ter privilegiado o culto "à razão, ao positivismo, ao tecnocentrismo", aos paradigmas monológicos e às visões universalizantes do mundo e da cultura, a pós-modernidade, ao contrário, parece ter optado pelo "culto da diferença, da heterogeneidade, da indeterminação e da fragmentação" (Harvey, 2000, p. 20). Essas formas parecem ser meios de liberar o discurso cultural da camisa de força, ou da "janela de ferro" da racionalidade moderna. A preferência pelo estudo do caráter micro ao invés do macro, da superfície ao invés da profundidade, do particular ao invés do universal, da descontinuidade ao invés da continuidade, assinalam condições emergentes na teorização pós-moderna. Se a episteme moderna lutou contra os mitos da metafísica medieval, a episteme pós-moderna luta com todas as forças contra os mitos da ciência. Desmistificar e colocar em questão as categorias mais fortes da modernidade constitui a empreitada a que vários pensadores contemporâneos se encarregaram de executar, a fim de que se irrompesse uma nova concepção do mundo em que vivemos. Entre eles, destacam-se, apesar das diferenças, Lyotard, Vattimo, Kuhn, Feyerabend, Foucault, Deleuze e Derrida, Baudrillard e Rorty. Essas muitas críticas à modernidade advêm, em grande parte, das considerações realizadas por Nietzsche e Heidegger em relação à metafísica moderna. Na leitura de Harvey (2000):

> *A redescoberta do pragmatismo na filosofia (por ex. Rorty, 1979), a mudança de ideias sobre a filosofia da ciência promovida por Kuhn (1962)*

e Feyerabend (1975), a ênfase foucaultiana na descontinuidade e na diferença na história e a primazia dada a ele a correlações polimorfas em vez da causalidade simples ou complexa, novos desenvolvimentos na matemática – acentuando a indeterminação (a teoria da catástrofe e do caos, as geometrias dos fractais) – o ressurgimento da preocupação, na ética, na política e na antropologia, com a validade e a dignidade do outro – tudo isso indica uma ampla e profunda mudança na "estrutura do sentimento". O que há em comum nesses exemplos é a rejeição das "metanarrativas"* (interpretações teóricas de larga escala pretensamente de aplicação universal).*

A crítica realizada por Marx, Weber, Freud e Nietzsche, em relação aos pressupostos da modernidade, já teria influenciado os teóricos da Escola de Frankfurt a realizar uma crítica à racionalidade instrumental, característica da modernidade. Mesmo que essas abordagens não tenham ainda rompido com a modernidade, com a ideia de razão, de metateoria (metanarrativa), no âmbito filosófico inspiraram e possibilitaram uma abertura teórica, que põe em cheque as diferentes estruturas da modernidade social, científica e filosófica. Marx contribuiu na denúncia do processo exploratório (alienação), na percepção e explicitação dos aspectos contraditórios e dinâmicos do movimento da sociedade capitalista (luta de classes), criando uma forma de filosofia radical (crítica das ideologias), a qual não se contenta em interpretar a realidade (idealismo alemão)[48], mas que pretende transformá-la (filosofia da práxis). Para tanto, formula uma crítica à subjetividade burguesa, ao

---

* **Metanarrativas**: Termo utilizado no sentido de caracterizar as grandes teorias, os grandes discursos que pretendem explicar o real. Explica aquilo que se refere ao universal ao invés de local. Consiste na categoria-chave mais criticada pelos pós--estruturalistas como forma de evidenciar o caráter autoritário da modernidade científica e filosófica.

individualismo, ao fetichismo da mercadoria, aos caracteres ideológicos do sistema capitalista, bem como suas formas de constituição, que eternizam a lógica em curso. Assim, Marx historiciza a subjetividade humana, situando o homem no contexto da concretude da luta histórica para vencer as necessidades. Nietzsche, de forma muito diferente à de Marx, sendo talvez o pensador que confere uma abertura para a pós-modernidade (Habermas, 2002), também, num impulso radical e demolidor, relativiza a absolutidade dos valores, contribuindo para quebrar a "solidez dos cristais da metafísica moderna" (Fensterseifer, 2001).

Segundo a análise de Harvey (2000, p. 20),

> No começo do século XX, e em especial depois da intervenção de Nietzsche, já não era possível dar à razão iluminista uma posição privilegiada na definição da essência eterna e imutável da natureza humana. Na medida em que Nietzsche dera início ao posicionamento da estética acima da ciência, da racionalidade e da política, a exploração da experiência estética – "além do bem e do mal" – tornou-se um poderoso meio para o estabelecimento de uma nova mitologia quanto àquilo a que o eterno e imutável poderia referir-se em meio a toda efemeridade, fragmentação e caos patente da vida moderna.

Sob outra perspectiva, Weber, na leitura de Harvey (2000, p. 20), alegava que a esperança e a expectativa dos pensadores iluministas era uma amarga e irônica ilusão, principalmente por vincular tão fortemente a questão do desenvolvimento da ciência à conquista da liberdade humana. Para ele, o iluminismo foi o triunfo da racionalidade instrumental, a qual não leva à realização da liberdade, mas de uma "janela de ferro" burocrática. Freud, por sua vez, ao apontar os limites da filosofia da consciência, destacara o caráter ilusório dos pensadores iluministas por estes tentarem realizar de uma vez por todas algo irrealizável – a incompletude humana. Assim, Freud ressaltara a força do inconsciente na construção da vida, e com isso apontara a impossibilidade de um controle pleno e total sobre a consciência. Um abismo insondável, uma ambiguidade fundamental ronda a condição humana (Fensterseifer, 2001). Mas, mesmo que tenham dado um forte impulso às críticas posteriores ao pós-guerra – que serão denominadas de *pós-modernistas* –, esses autores eram confiantes e acreditavam no projeto moderno. Resumidamente, eles eram autores modernos que utilizavam a crítica a serviço da ideia de razão, denunciando os valores que não se colocavam a serviço da autonomia humana (Rouanet, 2003).

1.2.2 A universidade na crise da modernidade

O projeto social moderno parecia corresponder a certa fase do capitalismo industrial nascente, em que se estruturavam as economias nascentes a partir de uma realidade de expansão do conhecimento sob forma de produção de artefatos tecnológicos mais duráveis. A divisão do trabalho e da organização produtiva procura orientar-se, nessa fase, pelos pressupostos do planejamento racional, implicando mais ritmo à produtividade. O planejamento segue modelos mais duráveis e rígidos, na tentativa de assegurar o controle pleno das situações e adversidades. Para Thayer (2002, p. 26), "sob diversos relatos e assinaturas de renome, a modernidade conjugou a avidez de divisão e de classificação do real com a vontade de sistematizar tudo debaixo de somente uma conta (*ratio*), assim como a luz do sol ilumina os objetos a partir de uma mesma claridade". Há, nessa etapa, na leitura de Bauman, uma busca pela solidez, pela durabilidade dos produtos, pela certeza e harmonia. Em seu estágio sólido, hoje passado, como destaca Bauman (2002, p. 46), a modernidade – em si mesma uma reação à fragilidade do *ancien regime* pré-moderno que rapidamente perdeu seu poder de controle – era obcecada pela **durabilidade**. A forma emergente de vida social, na segunda metade do século XX, assegura Bauman, não corresponde à entrada na pós-modernidade, mas no "estágio líquido da modernidade". Nesse estágio, temos a perda da noção de conhecimento e de educação não somente como algo duradouro, para toda a vida, mas como algo efêmero e circunstancial. Essa realidade, característica da sociedade de consumo atual, explicita a emergência da incerteza, da superficialidade, da velocidade e da estetização do cotidiano (Berman, 2006). No entendimento de Bauman (2002, p. 47-49):

> *A solidez, outrora comumente assegurada pela autônoma reprodução da ordem social, parecia cada vez menos capaz de cuidar de si mesma e, aparentemente, precisava de cuidados. [...] A imagem do conhecimento refletia este comprometimento, e a visão da educação reduplicava as tarefas que este comprometimento inscreveu na agenda da modernidade. O conhecimento tinha valor, porque se esperava que ele durasse, e a educação tinha valor na medida em que oferecia este conhecimento de valor duradouro. A educação, quer vista como um episódio circunscrito, ou como um empreendimento para toda a vida, seria uma atividade voltada para a entrega de um produto que, como qualquer outra posse, poderia ser possuída e desejada para sempre.*
>
> *[...] A habilidade de durar por muito tempo não depõe mais em favor das coisas. Espera-se que coisas e vínculos sirvam apenas por um "tempo determinado" e que se possa destruí-lo ou desembaraçar-se deles uma vez ultrapassada sua utilidade – o que frequentemente ocorre. De maneira que as posses, sobretudo as duradouras, de que não podemos nos desfazer facilmente, devem ser evitadas. O consumismo de hoje não visa ao acúmulo de coisas, mas ao gozo fugaz que elas propiciam. Porque, então, o conjunto dos conhecimentos obtidos, durante a estadia na escola e no colégio, deveria fugir à regra universal? No torvelinho da mudança, o conhecimento serve para uso imediato e único; conhecimento pronto para o uso e imediatamente disponível, do tipo prometido pelos programas de software, que entram e saem das prateleiras das lojas em sucessão sempre acelerada, parece muito mais atraente.*

A teorização baumaniana, embora divergente das perspectivas que destacam a ascensão da pós-modernidade, assinala um caráter interessante para pensar a dinâmica da crise do paradigma moderno de conhecimento. Esse fenômeno não é inerente à própria lógica científica, de uma crise exclusiva da ciência, mas próprio das condições nascentes da vida social, política e cultural contemporânea. Em outras palavras, para Bauman, não estaríamos na pós-modernidade, porque a modernidade, ou aquilo que a constitui e a define, continua mais do que nunca em plena atividade. Nesse sentido, a ideia de progresso, com seus corolários, continua em plena expansão. O termo *pós-moderno*, para ele, parece impróprio, porque parece assinalar a morte de algo que ainda continua em atividade. No entanto, a atual crise da educação apresenta algumas diferenças radicais das crises que atingiram a "fase sólida da modernidade". Essas questões referem-se ao próprio sentido da educação. Não se trata de reformas simples, nas margens da educação, mas do questionamento radical dos paradigmas que animaram a educação moderna. Mesmo sendo contrário à noção de pós-modernidade, neste tópico, o pensamento de Bauman (2002) se aproxima de alguns de seus pressupostos característicos: a) a desconfiança no progresso; b) o descrédito na missão das luzes; c) a descrença no poder da ciência em prover a emancipação humana.

1.2.3 O conhecimento e a pesquisa na contemporaneidade

Na interpretação de Bauman (2002, p. 51), o caráter móvel e fluido da atual etapa do capitalismo é decorrente das novas políticas econômicas. Para ele, "em nosso mundo volátil de mudanças instantâneas e erráticas, os hábitos arraigados, as estruturas cognitivas sólidas e a preferência por valores estáveis, objetivos últimos da educação ortodoxa, transformaram-se em desvantagens". Pelo menos foram assim rejeitados pelo **mercado do conhecimento**, para o qual (da mesma forma que para qualquer outro mercado) toda lealdade, vínculos irrompíveis e compromissos de longo prazo são anátemas – obstáculos a serem eliminados do caminho.

A leitura de Bauman (2002), com a noção de "modernidade líquida", explicita, de forma semelhante à de Harvey (2000) ("condição pós-moderna"), e de Berman (2006) ("modernidade tardia"), os novos elementos teóricos, políticos e culturais contemporâneos, situando-os na transição do paradigma fordista industrial para o paradigma da acumulação flexível do capital. A ênfase no consumo, no supérfluo, na efemeridade, na incerteza adquire, na interpretação desses autores, sua base legitimatória, não apenas nas práticas culturais contemporâneas – possibilitadas pelas transformações científicas e tecnológicas – e pelas inovações comunicacionais, mas pela nova forma assumida pelo capitalismo tardio e sua forma de reprodução. Assim, tanto Bauman, quanto Harvey e Berman, corroboram e ampliam, mesmo que por vias diferenciadas, a leitura de Chaui (2001), quanto ao panorama da crise da razão que ronda a universidade contemporânea. Suas considerações não somente consideram as diferentes críticas que foram feitas à racionalidade moderna, inclusive pelos pensadores pós-modernos (Lyotard, Vattimo, Foucault, Derrida, Rorty) e neomodernos (Habermas), como também interligam a crise em seus vários aspectos, identificando-a e explicando-a a partir do surgimento do: a) neoliberalismo – modelo do Estado Mínimo; b) modelo toyotista de organização do trabalho – flexibilização da economia; e c) economia de mercado – desregulação do mercado – competitividade.

Nas palavras de Chaui (2001, p. 130):

> *A economia capitalista mundial, conhecida como neoliberalismo, constitui-se como aquilo que alguns chamam "acumulação flexível do capital", isto é, o fim do modelo fordista industrial e do modelo político econômico keynesiano. Ao modelo fordista, a economia responde com a terceirização, a desregulação, o predomínio do capital financeiro, a dispersão e fragmentação da produção e a centralização/velocidade das mudanças*

tecnológicas. Ao Modelo Keynesiano do Estado de Bem-Estar, a política neoliberal responde com a ideia do Estado Mínimo, a desregulação do mercado, a competitividade e a privatização da esfera pública. [...] A esse duplo modelo econômico político, corresponde do lado da ideologia, o domínio do fetichismo da mercadoria; do lado da sociedade, o processo crescente da exclusão social, a partir da exclusão econômica da classe trabalhadora; e do lado das teorias, a crise da razão.

Nesse contexto, a formação universitária e a lógica da pesquisa científica acabam sendo condicionadas pelas novas lógicas sociais, epistemológicas, culturais e políticas em curso na nova economia capitalista mundial. Na leitura de Thayer (2002, p. 32), já não se vive, na atualidade, a universidade no sentido e na densidade temporal que antigamente geravam as promessas de emancipação. Segundo ele, a corrosão do princípio especulativo (unidade interna e orgânica do saber), bem como a imanentização do princípio prático teleológico do progresso, princípios que acompanhavam, legitimando e dando um sentido metaoperacional às práticas de saber (pesquisa e docência), teriam sido substituídos pela "performance do funcionamento da operatividade técnica". Ao paradigma cartesiano, analítico, positivista, típico da modernidade, a ciência pós-moderna, mediada pelo "mercado do conhecimento", responde com o paradigma sistêmico ou, na filosofia, com a "crise da noção de razão" (Souza, 2005). Em relação à noção de simplicidade, ordem e certeza, a ciência pós-moderna, mediada pelas novas necessidades econômicas, responde com a ideia de complexidade, desordem e incerteza. Aos moldes curriculares fechados e lineares da modernidade, que formavam trabalhadores "alienados", "mecânicos" e "reprodutores", típicos da economia fordista, os paradigmas educacionais pós-modernos respondem com uma organização curricular aberta e complexa, a fim de formarem trabalhadores "superinformados", "criativos" e "inovadores". Para Jantsch e Bianchetti (1995, p. 196), "o trabalhador parcial, superespecializado, está perdendo espaço para aquele capaz de projetar, executar e avaliar".

Em relação à noção de disciplina, a pedagogia pós-moderna responde com a ideia de interdisciplina e transdisciplina. Aos modelos de ensino e de didática centrados no professor, no ensino e na aprendizagem do conteúdo, os paradigmas educacionais pós-modernos respondem com um modelo de educação centrado no aluno, no aprender a aprender e na pesquisa. Em relação à noção de sujeito unitário, centrado e consciente, típica do paradigma moderno, a psicologia pós-moderna responde com a noção de sujeito múltiplo, irônico e esquizofrênico (Harvey, 2000; Bauman, 2000; Hall, 2006).

Nas palavras de Thayer (2002, p. 32),

> *Com tal deslegitimação – ou legitimação somente pela performance do funcionamento – a universidade não estaria destinada a formar uma elite capaz de guiar a nação em sua emancipação, ou profissionalizar a força de trabalho na teleologia: educação > produção > lucro > liberdade > felicidade, mas parece tão somente destinada a proporcionar agentes para ocupar os postos pragmáticos dos quais as empresas têm necessidade.*

A economia política do currículo e da ciência, como vimos, para além dos modelos paradigmáticos da modernidade social e filosófica, vai se situar num novo projeto, cujos esboços começam a aparecer pouco a pouco nas práticas curriculares. Se isso é um avanço ou um retrocesso na teorização educacional e metodológica, pouco se sabe, mas que possuem articulações muito complexas com a economia política da sociedade contemporânea parece ser indiscutível.

Tentar entender a serviço de qual lógica está apontado o debate educacional na atualidade, bem como suas práticas concretas, consiste na forma de entender a possibilidade de situar e identificar, muitas vezes, a barbárie/dominação no interior de processos denominados de "civilizadores" (a crítica da razão é a maior crítica que a razão pode prestar, pronunciou Adorno). Assim, na esteira de Chauí, concebe-se que a universidade brasileira precisa tomar posição diante da crise da razão e do neoliberalismo, situando tanto os elementos "mistificadores" da tradição moderna, como os da tradição pós-moderna. Isso parece tarefa paradoxal e contraditória, mas que só pode ser resolvida estando-se atento ao movimento conjunto da sociedade contemporânea, principalmente aos elementos fundamentais da economia política, que ajudam a determinar, condicionar e legitimar os rumos da ciência, da técnica, da filosofia, da política e da educação.

Vásquez (2007, p. 57), a esse respeito, salienta que

> *Hoje mais do que nunca, os homens precisam esclarecer teoricamente sua prática social e regular conscientemente suas ações como sujeitos da história. E, para que estas ações se revistam de um caráter criador, necessitam também – hoje mais do que nunca – de uma elevada consciência das possibilidades objetivas e subjetivas do homem como ser prático, ou seja, uma verdadeira consciência da práxis.*

Assim, a possibilidade da razão e da subjetividade histórica só pode se dar como práxis efetiva, ou seja, como movimento de compreensão/transformação da objetividade. Dessa forma, os desafios da docência, no âmbito da adoção da pesquisa como princípio educativo, acabam por se configurar a partir dessas novas exigências educacionais. A construção de conhecimentos na "condição pós-moderna" parece se orientar sob outra lógica – flexível, complexa e dialógica. Nesta, a docência assume uma condição mediadora, em que a educação surge integrada num novo projeto social, econômico, político e cultural. Nesse contexto, a pesquisa como princípio educativo surge como instância mediadora, num plano micro das transformações necessárias ao âmbito universitário. Ela assume o desafio de proporcionar uma nova base científica, política e filosófica dos acadêmicos, a qual contribua no processo de enfrentamento aos elementos de dominação, exploração e opressão – típicos da sociedade contemporânea.

Síntese

Neste capítulo inicial, tratamos dos conceitos fundamentais que explicitam o contexto educacional e universitário moderno. Evidenciamos os vínculos e as novas formas de racionalidade que se estabeleceram na modernidade. Consideramos o pano de fundo e as relações sociais e históricas que impulsionaram a ciência moderna e sua crise na contemporaneidade. Destacamos as categorias fundamentais que sustentavam o projeto educacional e a lógica científica moderna, relacionando-os com a sociedade industrial e com os novos conceitos emergentes no interior da ciência e da filosofia. Evidenciamos a crise do projeto universitário moderno a partir da crise social e civilizatória, a qual engendra uma crise dos próprios paradigmas e modelos científicos e de pesquisa. Relacionamos, portanto, todos os movimentos da teoria do conhecimento no século XX num panorama integrado, em que emerge, conjuntamente com uma nova forma de organização social da produção (acumulação flexível), um novo modo de gerir a política (neoliberalismo) e um novo modo de conceber o conhecimento (pós-modernidade). Definimos esse momento histórico como um momento de crise e transformação na educação, em que surge a necessidade de construção de outras formas de racionalidade, não apenas comprometidas com a lógica produtiva e mercadológica, mas também com a emancipação humana e a democracia. Em relação ao papel da universidade contemporânea, isso significa a necessidade de se pensar e se construir uma prática pedagógica que integre o ensino, a pesquisa e a extensão. Que articule, portanto, uma práxis pedagógica efetiva.

Indicações culturais

Livros

GIANNETTI, Eduardo. **Felicidade**: diálogos sobre o bem-estar na civilização. São Paulo: Companhia das Letras, 2002.

Nesse livro, o escritor e organizador do livro dialoga com três profissionais, de diferentes áreas, sobre a crise de nosso tempo. Tematizam-se, a partir da visão de um sociólogo, de um economista, de uma antropóloga e de um filósofo, diferentes posicionamentos sobre os condicionantes do fator felicidade. É um autêntico diálogo no qual se mostram, em linguagem clara e concisa, os principais desafios do nosso tempo, em todos os campos do conhecimento.

ORWELL, George. **A revolução dos bichos**. São Paulo: Companhia das Letras, 2006.

O livro tematiza, em linguagem figurada, a crise do socialismo real. Nele se evidenciam como alguns projetos emancipatórios da modernidade transformaram-se em grandes desastres, devido ao autoritarismo daqueles que ocuparam o poder. Com isso, destaca-se a possibilidade de se pensar a necessidade da autocrítica permanente no interior de todas as teorias críticas e das práticas denominadas emancipatórias.

Filmes

O ENIGMA de Kasper Hauser. Direção: Werner Herzog. Produção: Werner Herzog; Filmverlag der Autoren. Alemanha: ZDF, 1974. 110 min.

Esse filme evidencia os processos constitutivos e singularizantes das relações sociais na construção da humanidade e da cultura.

O JULGAMENTO de Nuremberg. Direção: Stanley Kramer. Produção: Stanley Kramer; United Artists; Roxlom. EUA: United Artists, 1961. 187 min.

O filme trata dos aspectos contraditórios da racionalidade moderna, que produziu, através da ciência, todas as condições tecnológicas para melhorar a vida humana, mas descambou na barbárie das duas grandes guerras mundiais.

O PONTO de mutação. Direção: Bernt Capra. Produção: Adrianna Cohen; Klaus Lintschinger. EUA: Atlas Leasing, 1990. 111 min.

O filme versa sobre a mudança paradigmática no interior da ciência: do paradigma moderno da física clássica ao paradigma contemporâneo da física quântica. Mostra a base das transformações científicas, culturais e sociais que estão ocorrendo.

Atividades de Autoavaliação

1. Assinale V (verdadeiro) ou F (falso) para as definições de termos relativos à lógica da ciência e da pesquisa na sociedade moderna e indique a sequência correta:
   ( ) A lógica da pesquisa na modernidade assume os pressupostos das ciências naturais, sendo toda a prática de validação do conhecimento na ciência relacionada aos seus métodos (quantitativos e matemáticos).
   ( ) O conhecimento científico moderno fundamenta-se a partir do pressuposto da ordem, da linearidade e da certeza, sendo estes os fatores explicativos da subjetividade humana, da natureza e da sociedade.
   ( ) A lógica curricular e da pesquisa moderna possui caráter aberto intertransdisciplinar, buscando uma visão de totalidade sobre a realidade humana.
   a) V, V, V
   b) V, V, F

c) V, F, F
d) F, F, V

2. Assinale V (verdadeiro) ou F (falso) para as afirmações a seguir sobre a prática da pesquisa e da construção do conhecimento:
   ( ) A pesquisa e o conhecimento são sempre aparatos técnicos, neutros e objetivos sendo isentos das problemáticas sociais, políticas e culturais.
   ( ) A pesquisa e o conhecimento são "aparatos técnicos" construídos socialmente, possuindo, portanto, os condicionantes históricos sociais, políticos e culturais.
   ( ) A pesquisa e o conhecimento, na lógica da modernidade científica, destacam um interesse ampliado em relação à formação humana, sendo a lógica da produção, da economia e do lucro secundária em relação à lógica da política e da emancipação.
   a) F, V, V
   b) V, V, F
   c) V, F, F
   d) F, V, F

3. Assinale V (verdadeiro) ou F (falso) para as afirmações a seguir sobre as concepções de conhecimento na modernidade:
   ( ) O mundo é uma grande máquina, semelhante a um relógio, e Deus é um grande relojoeiro.
   ( ) A subjetividade humana e o método matemático constituem "o caminho" para compreender e explicar os mistérios da natureza – que se assemelham aos da lógica das máquinas.
   ( ) A condição de fragmentar as partes para melhor conhecer o todo apresenta-se como umas das características fundamentais do método da ciência moderna.

a) F, V, V
b) V, V, F
c) V, V, V
d) F, V, F

4. Assinale V (verdadeiro) ou F (falso) para as afirmações a seguir sobre as concepções de conhecimento e educação na "crise da modernidade":
   ( ) O ataque à modernidade tem significado apenas em relação aos métodos de conhecimento e à organização da educação, não implicando nada em relação ao próprio estatuto da pesquisa e da finalidade do conhecimento na educação.
   ( ) As novas formas de organização social e cultural do capitalismo contemporâneo, decorrentes das novas formas de produção possibilitadas pelas novas tecnologias, mudam os valores e finalidades implicadas nas práticas educativas. Estas se tornam mais móveis e fluidas, o que gera uma grande sensação de mal-estar e incerteza na educação.
   ( ) Ao paradigma cartesiano, analítico, positivista, típico da modernidade, a "ciência pós-moderna", mediada pelo "mercado do conhecimento", responde com o paradigma sistêmico, ou, na filosofia, com a "crise da noção de razão".
   a) F, V, V
   b) V, V, F
   c) V, V, V
   d) F, V, F

5. Assinale V (verdadeiro) ou F (falso) para as afirmações a seguir sobre o conhecimento e a educação na relação modernidade-pós-modernidade:
   ( ) A modernidade parece ter se pautado pelo culto à razão, ao positivismo e ao tecnocentrismo, já a pós-modernidade, ao contrário,

parece ter optado pelo culto da diferença, da heterogeneidade, da indeterminação e da fragmentação.

( ) A modernidade social, científica e filosófica parece ter consistido numa fase sólida do capitalismo, apresentando uma grande ênfase na produção, na profundidade e na certeza no conhecimento, ao passo que a noção de "pós-modernidade" na contemporaneidade parece apresentar um novo espectro social e cultural centrando sua ênfase no consumo, no supérfluo, na efemeridade e na incerteza.

( ) Os paradigmas educacionais pós-modernos compreendem o ensino e a didática centrados no professor, no ensino e na aprendizagem do conteúdo, enquanto os paradigmas educacionais modernos compreendiam um modelo de educação centrado no aluno, no aprender a aprender e na pesquisa. A pedagogia pós-moderna opta pelo culto ao disciplinar, enquanto a pedagogia moderna optou pelo interdisciplinar e pelo transdisciplinar.

a) F, V, V
b) V, V, F
c) V, V, V
d) F, V, F

Atividades de Aprendizagem

Questões para Reflexão

1. Por que a pesquisa e a formação continuada tornaram-se tão importantes na contemporaneidade? Qual a estrutura socioeconômica e cultural que exige cada vez mais dedicação aos estudos e à formação de conceitos, competências e habilidades multifuncionais e inter-transdisciplinares?

2. Reflita sobre a necessidade de se construir outros processos formativos na contemporaneidade, integrando diferentes áreas do conhecimento, de forma a produzir visões menos reducionistas da realidade.

Atividade Aplicada: Prática

1. Leia o texto a seguir e produza uma resenha crítica, destacando os significados e a responsabilidade social da universidade na contemporaneidade. Em seguida, construa ou elabore algumas questões e entreviste um professor universitário, investigando o que ele pensa ser o papel da universidade em relação à sociedade e à formação profissional nestes tempos. Após a entrevista, analise, sob forma de um texto dissertativo, a relação entre os desafios educacionais contemporâneos destacados no capítulo e a compreensão que o professor entrevistado confere a sua prática pedagógica universitária.

Universidade

A universidade é tempo e lugar de reflexão radical sobre a totalidade do que foi posto como conhecimento prático e teórico na sociedade humana. Além de ocupar professores, alunos e administração na formação de futuros profissionais, a universidade se diferencia de todas as outras instituições que compõem a sociedade, especificando-se como possibilidade de constante e radical dinâmica e processualidade reflexiva. Argumentação, diálogo e interdisciplinaridade vitalizam-na em seu processo de construção coletiva, defendendo-a da fixidez de um conhecimento solitário e esclerosado e da metafísica doutrinária e doentia de um saber esquecido e desinteressado de seus fundamentos. A instauração da argumentação solidária como condição de possibilidade, poder e vetor da reflexão radical significa crise, ruir de deuses, queda de falsos valores e esquemas teóricos, santificados cedo demais por deslumbrado atropelo em sucessos operatórios e por impaciência pragmática. Crise, no entanto, nada mais é do que tempo de julgamento (*crisis*) e exercício efetivo do especificamente humano: a reflexão radical, promotora da autonomia e da construção de si pela edificação do seu próprio saber. O que aparece como destruição, insegurança e imponderabilidade transfigura-se em possibilidade de liberdade, de força criativa e de clareza de rumo na encruzilhada dos caminhos pedagógicos. Discursos que promovem o absoluto de si esboroam-se, refazem-se e reconstroem-se ante as muralhas e as armas da dinâmica e da racionalidade tematizante da universidade. A sociedade instaurou, assim, uma instância de reflexão sobre si. Socrática que é, a universidade desmascara o discurso da manipulação, do adestramento e do absoluto de mestres, sábios e gurus, fazendo com que a verdade seja gestada na concretude de sua lucidez a explodir em inúmeras vozes em argumentação. Universal que é por definição, a universidade representa o contraponto ao discurso da fragmentação do saber e da competência especializada em minúcias; discurso que, por desistente e incapaz de visualizar o todo, socorre-se da crença no destino, no azar ou nos demônios, quando no conjunto da sociedade não há vislumbre de projeto comum de justiça, paz e liberdade. [...] A universidade é um tempo e um lugar da reflexão radical. Religiões, mestres, raças, países, pessoas e paixões em desencontro e em guerra: a razão da vida torna-se precária e a sua voz pode emudecer. A irracionalidade da repetição irrefletida: a verdade nos livre disso, ela que é humana, plural e generosa. O sentido é a direção.

Fonte: Schneider, 2005.

Capítulo 2

Neste capítulo trataremos de alguns conceitos e categorias que são fundamentais no processo de constituição do conhecimento e de possíveis passos para entender a integração entre pesquisa, ensino e extensão na prática pedagógica universitária.

A prática pedagógica e a questão da integração das atividades de ensino, pesquisa e extensão

O objetivo deste capítulo será estabelecer os conceitos/categorias necessários para se pensar numa possibilidade de integrar a prática pedagógica universitária em nível de ensino, pesquisa e extensão, a qual articula os saberes que o professor utiliza efetivamente em sua prática profissional cotidiana, como saberes pessoais, saberes provenientes da formação escolar anterior, saberes da formação profissional, saberes de manuais e livros usados no trabalho e saberes de sua própria experiência na profissão. Isso se torna fundamental para que se possa vislumbrar, na prática pedagógica universitária, um horizonte histórico viável à construção de um conhecimento que se ancore numa dimensão: a) significativa, b) crítica, c) criativa, e d) duradoura. Significativa para que a prática pedagógica do professor sustente-se por temas que sejam condizentes com a fase de aprendizado do aluno e que tenham relevância para a vida. Crítica para que o educando possa compreender o mundo no qual vive, superando uma visão ingênua dos problemas sociais vividos. Criativa para que possa, a partir do conhecimento adquirido, reconstruir antigas verdades, suplantando verdades dogmáticas, e assim transformar a realidade de forma consciente. Duradoura para que possa servir como fonte de influência no modo de ser, em qualquer situação vivida.

2.1 O trabalho docente integrado à pesquisa

Numa análise ampla e geral podemos compreender que todo o trabalho humano, sua divisão e suas determinações históricas orientam a forma de construção do conhecimento. As sociedades pré-modernas ocidentais pautaram-se sempre pelo modelo elitista. Com a modernização, o processo de construção do conhecimento foi se transformando para uma divisão social e intelectual das funções de pesquisa, não mais centradas no elitismo, mas, como indica Tardif (2002), em comunidades científicas assumidas por um corpo docente distanciado das instâncias de produção dos saberes. O que se observa é que os professores podem estabelecer uma forma crítica com relação a tais fenômenos e buscar formas de controlar os saberes historicamente produzidos a partir de categorias, com o intuito de integrar ensino, pesquisa e extensão para constituir uma prática pedagógica consciente.

Nesse sentido, uma primeira categoria importante para entender o processo de articulação entre pesquisa, extensão e ensino na universidade é a categoria integração. O conceito de integração, aqui proposto, é o princípio essencial no estabelecimento da unidade entre o ensino, a pesquisa e a extensão. Integrar, como conceito, é formar uma unidade dos saberes curriculares (conteúdos de ensino), pois estes não têm fins em si mesmos nem se limitam a insumos para o desenvolvimento de competências. Uma segunda categoria está na forma de compreender os diversos saberes que desencadeiam as várias ações dos professores. A proposição é analisar como os professores compreendem os saberes e sua intervenção social. Nóvoa (2001) descreve que cabe aos professores fazer frente aos desafios decisivos, construindo um saber emergente da prática que não negue as teorias das diversas ciências sociais e humanas, mas que as integre.

Como terceira categoria, pensamos no processo de aceitação, a qual só se instalará no meio universitário com a mudança de atitude dos professores, ao legitimarem ações reflexivas, baseadas na razão científica, operando, assim, uma reflexão crítica da sua prática pedagógica. A aceitação ocorrerá pela integração dessas características no processo de construção de uma prática pedagógica que realmente construa uma base de conhecimento da realidade vivida. Essa prática pedagógica desejada passa pela identificação e compreensão das determinações e dos condicionantes históricos. A prática pedagógica alicerçada na pesquisa como princípio educativo ancora-se na objetividade da razão, na subjetividade do simbolismo e na razão argumentativa fundamentada.

Nesse âmbito, a pesquisa integrada ao ensino e à extensão, mediada pela lógica da construção do conhecimento, responde diretamente às necessidades sociais, aos problemas que se põem na vida das sociedades e "desenvolve o entendimento do homem e do meio em que vive", como diz o art. 43 da Lei nº 9.394/1996[*]. O trabalho docente tem na prática da pesquisa a forma de se integrar ao ensino e à extensão, para

---

[*] Para consultar o texto integral da Lei nº 9.394/1996, acesse: <http://portal.mec.gov.br/setec/arquivos/pdf1/proejalei9394.pdf>.

além da transmissão de verdades dogmáticas, ou de ocultar fatos que tenham como premissa possibilitar uma visão contraditória. Sendo assim, o trabalho docente tem como objetivo fundamental aproximar o aluno e a pesquisa, estabelecendo um constante espírito de descoberta, de inquietudes frente às verdades acabadas, gerando contradições nos fatos, contribuindo, dessa forma, para uma síntese entre o vivido e o pensado. A prática da pesquisa articulada ao ensino e à extensão possibilita a formação de profissionais capazes de atuar científica e tecnicamente nos diferentes contextos da sociedade contemporânea, teorizando e produzindo conhecimentos sobre esta prática.

A extensão caracteriza-se como atividade institucional que dá o caráter social ao ensino e à pesquisa. Portanto, no âmbito de sua função social, a extensão fará o trabalho de levar para a sociedade os "benefícios resultantes da criação cultural e da pesquisa científica e tecnológica" (Lei nº 9.394/1996), desenvolvidas a partir do estudo dos diversos fenômenos sociais produzidos pelo homem. A extensão como trabalho tem duas principais funções: a primeira é fazer chegar até a sociedade a produção que se desenvolve no espaço do ensino superior e a segunda é o retorno das inquietudes geradas pelas necessidades da sociedade no processo de construção do conhecimento, para que este seja submetido à investigação, aprendido e transformado, integrando assim as três dimensões: ensino, pesquisa e extensão.

Para que isso aconteça, é necessário que o professor tenha uma maior participação nos aspectos associativos que superem os modelos atuais, adquirindo, com isso, um maior poder, pois ao afirmar-se publicamente, consequentemente ocupará um espaço de visibilidade social. Cabe também, aos professores, estabelecer uma nova forma de transposição didática que possibilite o relacionamento com a comunidade científica – no qual ocorra uma transformação da prática pedagógica – e incorporar o verdadeiro sentido de *habitus*. Para que isso ocorra, os professores devem pensar em momentos de construção coletiva e reflexão de práticas inovadoras no espaço da universidade.

2.2 Professores: sujeitos do conhecimento

Tardif (2002, p. 234) sustenta que os professores são atores competentes; são, antes de tudo, sujeitos do conhecimento. Tais considerações permitem recolocar a questão da subjetividade ou do ator no centro das pesquisas sobre o ensino e sobre a universidade de maneira geral. O trabalho dos professores de profissão, nessa ótica, deve ser considerado como um espaço prático específico de produção, de transformação e de mobilização de saberes e, portanto, de teorias, de conhecimento e de saber-fazer específicos do ofício de professor. A teoria assume um papel fundamental no contexto da prática pedagógica docente. Ela não apenas favorece uma forma de compreender o real como permite a "edificação" do conhecimento sobre o real. A teoria possibilita ao professor construir suas estratégias de intervenção e conhecimento. Os professores, como atores, como sujeitos do conhecimento, podem ser pensados como mediadores que articulam a prática do ensino, da pesquisa e da extensão. Em sua capacidade de teorizar, de conferir unidade a um projeto de intervenção, seja ele de ensino, de pesquisa, ou de extensão, emerge a possibilidade de novos princípios e conceitos orientadores acerca da vida social, científica e profissional.

As pesquisas contemporâneas sobre o ensino e a pedagogia têm apontado, de forma significativa, a importância da compreensão do papel dos educadores em tal processo. Tardif e Gauthier (2001, p. 186-210), mais precisamente, têm destacado a relevância de ampliar as pesquisas educacionais, priorizando enfoques relacionados aos "saberes dos docentes". Nesse sentido, os autores argumentam em favor de uma noção de "saber" vinculado a uma ideia de racionalidade, deslocando o foco da questão dos "saberes/ações dos educadores" para uma visão "intersubjetiva" e "comunicativa" do saber. A argumentação, segundo eles, torna-se o "lugar do saber". Nessa lógica, só é considerado saber aquilo que se pode justificar baseado em argumentos racionais. Isso significa, em outros termos, que a condição de validar (ou mesmo criticar) qualquer perspectiva educacional, nesse cenário contemporâneo, vincula-se a uma dimensão "argumentativa", ou seja, embasada em argumentos racionais.

Tardif e Gauthier (2001, p. 12) afirmam que

> *O saber dos professores é profundamente social e é, ao mesmo tempo, o saber dos atores individuais que o possuem e o incorporam à sua prática profissional para a ela adaptá-lo e para transformá-lo. [...] Portanto, o saber dos professores não é o "foro íntimo" povoado de representações mentais, mas um saber sempre ligado a uma situação de trabalho com outros (alunos, colegas, pais, etc.), um saber ancorado numa tarefa complexa (ensinar), situado num espaço de trabalho (a sala de aula, a escola), enraizado numa instituição e numa sociedade.*

Essas noções de saber, argumentam Tardif e Gauthier, afastam, de certa forma, a compreensão da ação do educador de uma noção estritamente "mentalista", isto é, vinculada "exclusivamente" a uma determinada teoria do conhecimento, ou de uma concepção estritamente idealista, subjetivista e instrumental da ação educativa. De acordo com esses autores, "o modelo que centra a ação educativa no educador enquanto um mero transmissor de saberes informativos, a exemplo da antiga ideologia behaviorista, conduz a uma visão científica e tecnológica do ensino" (2001, p. 190-191). Nesse sentido, a ação educativa, bem como os saberes dos professores numa perspectiva argumentativa, com base em argumentos racionais, vincula-se muito fortemente a um contexto social, sendo os saberes dos professores um saber social que sempre está em reconstrução. Tardif (2002, p. 12) argumenta acerca de cinco pontos importantes na consideração dessa premissa:

~ a situação coletiva do trabalho escolar;
~ os saberes são produções sociais, por isso vinculam-se sempre a um determinado contexto histórico e cultural que reconhece ou não sua validade;
~ a natureza e a complexidade do trabalho educativo que está sempre em função de uma prática social, envolvendo uma negociação entre professores e alunos;
~ a pedagogia, a didática, o ensino e a aprendizagem são construções sociais, por isso modificam-se e evoluem em função dos conflitos culturais característicos de cada momento histórico;
~ o saber é social por ser adquirido, incorporado e modificado sempre no contexto de uma socialização profissional.

Para Tardif (2002), o saber é social

a) Em primeiro lugar porque é partilhado por todo um grupo de agentes – os professores – que possuem uma formação comum, trabalham numa mesma organização e estão sujeitos, por causa da estrutura coletiva de seu trabalho cotidiano, a condicionamentos e recursos comparáveis, entre os quais programas, matérias a serem ensinadas, regras do estabelecimento, etc;

b) Em segundo lugar, esse saber é social porque sua posse e utilização repousam sobre todo um sistema que vem garantir a sua legitimidade e orientar sua definição e utilização: universidade, administração escolar, sindicato, associações profissionais, grupos científicos, instância de atestação e de aprovação das competências, Ministério da Educação, etc. Em suma, um professor nunca define sozinho e em si mesmo o seu próprio saber profissional. Ao contrário, esse saber é produzido socialmente, resulta de uma negociação entre diversos grupos. Nesse sentido, o que um "professor deve saber ensinar" não constitui, acima de tudo, um problema cognitivo ou epistemológico, mas sim uma questão social, tal como mostra a história da profissão docente (Nóvoa, 1987; Lessard & Tardif, 1996);

c) *Em terceiro lugar, esse saber também é social porque seus próprios objetos são objetos sociais, isto é, práticas sociais. Contrariamente ao operário de uma indústria, o professor não trabalha apenas um "objeto", ele trabalha com sujeitos e em função de um projeto: transformar os alunos, educá-los e instruí-los. Portanto, o saber não é uma substância ou um conteúdo fechado em si mesmo; ele se manifesta através de relações complexas entre o professor e seus alunos;*

d) *Em quarto lugar, tais como mostram a história das disciplinas escolares, a história dos programas escolares e a história das ideias e das práticas pedagógicas, o que os professores ensinam ("os saberes a serem ensinados") evoluem com o tempo e as mudanças sociais. Noutras palavras, a Pedagogia, a Didática, a Aprendizagem e o Ensino são construções sociais cujos conteúdos, formas e modalidades dependem intimamente da história de uma sociedade, de sua cultura legítima e de suas culturas (técnicas, humanistas, científicas, populares, etc.), de seus poderes e contrapoderes, das hierarquias que predominam na educação formal e informal, etc.*

e) *Finalmente, em quinto lugar, de acordo com uma literatura bastante abundante, esse saber é social por ser adquirido no contexto de uma socialização profissional, onde é incorporado, modificado, adaptado em função dos momentos e das fases de uma carreira, ao longo de uma história profissional onde o professor aprende a ensinar fazendo o seu trabalho.*

No momento, cabe analisar os excessos que podem caracterizar as pesquisas sobre o saber docente, pois o professor deve extrair de um vasto repertório de técnicas e ferramentas sobre o fenômeno ou a situação-problema instalada e como estas se ligam aos temas da vida. Um desses excessos seria compreender que o professor é um cientista e o outro, que "tudo é saber". Quanto ao primeiro excesso, cabe salientar que o professor não trabalha somente com a objetividade – se proceder dessa forma, desloca o sentido de sua ação pedagógica, que tem como foco central a análise das práticas reais sob o foco da essência do problema, ao considerar as determinações históricas, nas quais os fatores subjetivos são fundamentais para dar qualidade às possíveis respostas. Para o segundo excesso – que "tudo é saber" –, cabe ao professor buscar a objetividade a partir da subjetividade, para que a rigorosidade do processo de construção do conhecimento através desse esforço possa também apresentá-la como uma obra que tem como pano de fundo a cientificidade. O que se torna evidente é que "não há subjetividade sem a objetividade e vice-versa".

Para compreender esse processo é importante entrar numa discussão epistemológica na qual podemos inserir outra característica além da subjetividade – a questão da objetividade conquistada como prática argumentativa numa comunidade científica. A concepção da subjetividade é fonte do saber intuitivo, ou seja, de uma representação intelectual através de símbolos ligados a uma sintaxe e possuidores de uma função referencial. A concepção da objetividade aponta para a razão ou o juízo verdadeiro, em que todas as explicações se pautam por processos científicos assertórios. A argumentação ajusta-se a uma nova concepção de saber, qual seja, validar por meio de argumentos pautados pelas retóricas, dialéticas, lógicas, empíricas etc. A argumentação, portanto, é o lugar do saber. Saber alguma coisa não é somente emitir um juízo de verdadeiro sobre algo, mas também ser capaz de determinar por que razões esse juízo é verdadeiro. Aqui vale lembrar a importância da atividade teórica no âmbito da construção do conhecimento, a qual obriga sempre a compreender as determinações causais dos fenômenos. Estas atuam na lógica e contra a lógica, tornando-se necessário as identificarmos historicamente para não permanecermos na periferia do conhecimento.

Para Morin, Ciurana e Motta (2003), "uma teoria não é o conhecimento, ela permite o conhecimento. Uma teoria não é uma chegada, é a possibilidade de uma partida". Nesse sentido, pode-se dizer que, na dimensão estruturante, basilar dos conhecimentos, encontram-se teorias subjacentes, as quais permitem articular e produzir conhecimentos. As teorias surgem também como possibilidades de enfrentar situações e de construir estratégias e métodos frente a problemáticas. No entanto, elas só adquirem fecundidade epistêmica quando envolvem o exercício da capacidade mental e argumentativa de um sujeito. Ainda segundo Morin, Ciuriana e Motta (2003), uma teoria não é uma solução, é a possibilidade de tratar um problema. Uma teoria só cumpre seu papel cognitivo, só adquire vida, com o pleno emprego da atividade mental e argumentativa do sujeito. Por isso, a prática da teorização alonga-se para a possibilidade de compreensão da realidade vivida nos espaços da extensão universitária. Esse processo de aprender a teorizar inclui, primeiramente, a construção das categorias da pesquisa.

2.3 A pesquisa em sala de aula

Ao pensar o processo da pesquisa em sala de aula é fundamental a construção de um grupo de categorias de análise do objeto a ser estudado. Podemos nos apropriar das categorias utilizadas por Kuenzer (2005), que ressalta, ao valer-se de Kosik (2002), que não se pode elidir a necessidade de um procedimento metodológico rigoroso, científico, que conduza à investigação, à produção do conhecimento objetivo e que permita avançar, para além das aparências fenomênicas, na progressiva e histórica compreensão da realidade.

A autora indica dois tipos de categorias, apresentadas no Quadro 2, diferenciando-as para possibilitar a análise da produção historicamente acumulada. Assim, explicita a lógica que rege a produção de novos conhecimentos, bem como as leis e categorias empregadas.

Quadro 2 – Categorias apresentadas por Kuenzer

1 – Categorias metodológicas	As categorias do próprio método dialético: práxis, totalidade e contradição.
2 – Categorias de conteúdo	São recortes particulares que são sempre definidos a partir do objeto e da finalidade da investigação.

Fonte: KUENZER, 2005.

Para melhor interpretarmos as categorias metodológicas no processo de sala de aula e compreendermos o método dialético*, sugerimos iniciar pelo primeiro passo indicado no tópico anterior, ou seja, o processo de entender os significados. Portanto, propomos a descrição dos conceitos de práxis, totalidade e contradição.

Pensar na práxis é refletir sobre como a dimensão política torna-se chave para a compreensão do saber e do fazer, de forma que os processos de conhecimento científico e os demais conhecimentos se imbriquem a partir de sua natureza social. Nesse sentido, a práxis torna-se uma prática social que poderá ser caracterizada de duas formas: alienada ou consciente. A primeira, se adotada, distancia ainda mais a relação teoria e prática, pois somente proporciona ao aluno uma aplicabilidade da ciência distante da ação humana, ou ainda, de sua aplicação política na ação humana. A segunda, ou práxis consciente, não está ancorada numa prática utilitarista, mas procura superar a visão mais simples e ingênua, consubstanciando-se na crítica dos condicionantes sociais, econômicos, ideológicos, históricos, resultantes na intervenção humana.

* **Método dialético**: Forma de proceder, em termos de conhecimento, que busca realizar um estudo ampliado e contextual de um determinado objeto. Segue uma lógica que distingue e une, ao invés de separar e fragmentar, buscando compreender cada parte dentro de uma totalidade, percebendo as suas "relações fundamentais". Preocupa-se, fundamentalmente, em compreender como cada parte se articula com o todo, incorporando o movimento, bem como a contradição, como dimensões tanto lógicas como ontológicas.

Nesse sentido, temos a necessidade de pensar a intervenção humana, de forma que um segundo conceito se torna necessário – o de totalidade. Essa ação deve, num primeiro momento, orientar o processo que determina toda sua causalidade. Assim, é importante resgatar o trabalho com o conhecimento em sala de aula, proposto por Vasconcellos (2005), o qual busca compreendê-lo na totalidade da realidade escolar e social.

Inicialmente, pensemos na estrutura que o autor sugere. Ele parte da sociedade como fonte de totalidade, passa ao âmbito da escola e sua constituição de sujeitos, projetos e recursos e os vincula às estruturas comunitárias, administrativas e pedagógicas. O esquema avança no trabalho em sala de aula com a derivação pedagógica, onde estão inseridos o relacionamento interpessoal, a organização coletiva e o trabalho com o conhecimento (objetivo, conteúdo, metodologia e avaliação). Cabe entender que totalidade não significa todos os fatos, e sim a realidade como um todo, estruturada, dialética, na qual, ou da qual, um fato qualquer pode vir a ser racional e historicamente compreendido (Kosik, 2002). Assim, compreender a realidade em sua totalidade significa compreendê-la em suas determinações causais.

A terceira categoria, a da contradição, é uma forma de assegurar que uma das categorias do conhecimento possibilite ao sujeito compreender, usufruir e transformar sua prática social. O que é central no processo não é fazer com que o aluno incorpore conhecimentos para processar informações que serão reproduzidas em algum dado momento de sua história. O necessário é fazer com que o saber adquirido pelo aluno dialogue com a prática social ou com a realidade vivida pelo sujeito. A contradição terá sentido e significado caso seja exercitada para que os objetivos tenham respostas não somente em relação a **o que são** as coisas, mas que respondam o **para quê** das coisas. Isso significa um movimento em relação às finalidades de todos os processos e não apenas ao consumo e ao entendimento destes.

Nesse processo, as categorias de conteúdos ficam mais fáceis de serem explicitadas, pois estas fazem a mediação entre o universal e o concreto, explicando toda a particularidade das ações realizadas pelos sujeitos. Também se estabelece a compreensão dos conhecimentos e dos conceitos vividos pelos sujeitos. O viés é de que a visão de totalidade se proceda no particular, dando razão, sentido e significado à realidade vivida – do sujeito da burguesia ou do proletariado, do operário ou do detentor da propriedade privada –, propondo uma visão não mais alienada, mas uma visão na qual os seres humanos complementem as condições de sua existência material e política e, consequentemente, toda a sua maneira de ser (Mészáros, 2005).

Poderíamos conceituar a prática pedagógica, simplesmente para dar significado de forma empírica, como o ato de ensinar, o ofício de transpor didaticamente os conhecimentos historicamente acumulados pela humanidade. Mas o que propomos é pensar essa prática, que emerge de uma vontade de obter significação e sentido, a partir da necessidade de analisar o trabalho na universidade. Portanto, é coerente que pensemos em três princípios pedagógicos que perpassam as finalidades do ato educativo. Para Anastasiou e Alves (2003), esses princípios ou categorias são: a mobilização para o conhecimento, a construção do conhecimento e a elaboração da síntese do conhecimento.

Quanto à mobilização para o conhecimento, trata-se de possibilitar ao aluno um direcionamento para o processo pessoal de aprendizagem, o qual deve ser provocado, caso ainda não esteja presente nele... Para isso, o autor sugere que estabeleça uma articulação entre a realidade concreta e o grupo de alunos..., e o campo a ser conhecido. Quanto à construção do conhecimento, é momento do desenvolvimento operacional, da atividade do aluno por meio da pesquisa, do estudo individual, dos seminários, dos exercícios, no qual se explicitam as relações que permitem identificar como o objeto de conhecimento se constitui. Quanto à elaboração da síntese do conhecimento do aluno, é o momento da sistematização, da expressão empírica do aluno acerca do objeto apreendido, da consolidação de conceitos. É importante que sejam concebidas como sínteses provisórias, pois, embora superem a visão sincrética inicial, confiram etapas do processo de construção do conhecimento pelo aluno, visando à elaboração de novas sínteses a serem continuamente retomadas e superadas.

Pautar a intervenção do professor fundada na pesquisa é entender que a pesquisa vem ancorada no aprendizado da vida, ou seja, ela pretende aproximar o objetivo do subjetivo e o subjetivo do objetivo. O sentido está posto pela ressignificação da educação ao longo da vida, ou seja, "o educador é como um jardineiro que acompanha a formação de uma planta que tem origem numa semente e transforma-se em árvore" (Vasconcellos, 2005). Para Gramsci (1995), educamo-nos ao longo da vida, confundindo-se a educação com a própria vida. É importante constatarmos que aqui existem indícios para reflexão da pesquisa como princípio educativo.

2.4 Conhecimento: finalidade e sentido

Na perspectiva apontada, a possibilidade de compreensão e construção do conhecimento somente terá sentido se o sujeito for instrumentalizado para transformar a realidade, ancorado na tríade: compreender, usufruir e transformar – a realidade (Vasconcellos, 2005). A forma que pensamos para constituir e dar sentido ao conhecimento, a partir da sala de aula, na universidade, legitima o método de trabalho do professor; assim, toda a atividade humana é intencionalmente uma atividade intelectual. Para que isso se torne mais claro, lembramos que o caminho que a universidade deve adotar é fazer com que, no processo de intelectualização e constituição do sujeito, este aproprie-se da realidade, para que a lógica do capital não se instale qualificando-a como "política de formalidades". O que devemos pensar quando trabalhamos, por exemplo, numa concepção de ensino que incorpore as novas tecnologias, é se o sentido desse conhecimento, tão necessário para esse sujeito, explica o seu emprego ou o não domínio do seu emprego. A relação aqui estabelecida faz com que, simultaneamente, no plano do conhecimento, ao não se entender a lógica e o sentido, ou a relevância social de determinado conteúdo, ocorra a exclusão esmagadora da maioria da humanidade do âmbito de ação do sujeito, condenando-os a serem considerados apenas objetos.

Para que essa lógica não se instale, precisamos estabelecer alguns critérios, pautados pela realidade, para inferir sentido ao conhecimento. O conhecimento em sala de aula deve ser significativo, crítico, criativo e duradouro (Vasconcellos, 2005). Observe, a seguir, o Quadro 3.

Quadro 3 – Os sentidos do conhecimento

Significativo	Atenderá as exigências momentâneas dos sujeitos, pois as representações mentais prévias buscam o que é relevante e necessário para entender o contexto de vida.
Crítico	Buscará permanentemente o esclarecimento superando a falta de clareza da vida cotidiana para que possa ajudar a explicar o que vive.
Criativo	Possibilitará a sua aplicabilidade ao estabelecer as relações com outras situações, reconstruindo e construindo novos conhecimentos para proporcionar as mudanças da prática social.
Duradouro	Contribuirá com a formação ao ampliar a visão de mundo, de sociedade e de homem, em que ele se veja como um sujeito apto a interferir na realidade.

Fonte: VASCONCELLOS, 2005.

Cremos que a posição gramsciana, destacada por Vasconcellos, é necessária para que esses critérios tenham sua clareza no processo de sala de aula, quando ele insiste em que todo o ser humano contribui, de uma forma ou de outra, para a formação de uma concepção de mundo predominante. Vasconcellos ainda assinala que tal contribuição pode cair nas categorias contrastantes da manutenção ou da mudança. Pode não ser apenas uma ou outra, mas ambas, simultaneamente. Em outras palavras, os critérios acima descritos, historicamente demonstram que o homem se apropria e incorpora conhecimentos para consolidar sua visão de mundo e estes são geradores de um processo de aceleração ou de um certo atraso na mudança significativa da realidade.

O que observamos é que o professor deve fazer com que o aluno direcione seus estudos não sobre os livros didáticos, mas sobre a realidade, impulsionando-o para o processo de entendê-la. Vasconcellos (2005) aponta ainda que o papel primeiro do professor não é o de cumprir um programa, não o programa de dar determinado rol de conteúdos: antes de qualquer coisa, seu papel é ajudar os alunos a entenderem a realidade em que se encontram, tendo como mediação para isto, os conteúdos.

Para estabelecer uma aproximação entre os saberes acumulados historicamente com os interesses da geração atual, para que esta compreenda as suas reais visões de mundo, concordamos com Saviani (2003), o qual entende que do ponto de vista pedagógico há uma diferença essencial que não pode ser perdida de vista: o professor, de um lado, e os alunos, de outro, encontram-se em níveis diferentes de compreensão (conhecimentos e experiências) da prática social. Enquanto o professor tem uma compreensão que poderíamos chamar de *síntese precária*, a compreensão dos alunos é de "caráter sincrético". O movimento do ensino, portanto, é o da passagem de um estágio de síncrese para o estágio de síntese precária.

O que se quer estabelecer é que a geração atual tenha condições de se apropriar do conhecimento para compreender o "funcionamento da realidade". Nessa perspectiva, o professor deve se apropriar de uma teoria que o possibilite transpor didaticamente os conhecimentos, para garantir a efetiva assimilação, orientando o seu trabalho de tal forma que as determinações causais sejam incorporadas de forma dialética. Para efetivamente garantir esse processo em sala de aula, o professor deve provocar no aluno – de forma mediadora, através de sua ação – um agir significativo, ao colocá-lo em situações de interesse e em condições de processar as informações, de forma que este possa incorporá-las ao seu trabalho diário. É importante e necessário que o aluno incorpore elementos conceituais novos, possibilitando, assim, dar novas respostas e representações às situações problemáticas encontradas e vividas no cotidiano.

Para identificarmos esse processo em sala de aula, o significado maior que se deve retomar é a concepção de ensino e de professor. Anastasiou e Pimenta (2005) compreendem o ensino enquanto fenômeno complexo, enquanto prática social realizada por seres humanos, com seres humanos, sendo modificado pela ação e relação desses sujeitos, que, por sua vez, são modificados nesse processo. A profissão de professor emerge em dado contexto e momento histórico, tomando contornos conforme as necessidades apresentadas pela sociedade e constrói-se com base nos significados sociais que lhe são dados.

Esses são elementos essenciais para se formar e, efetivamente, construir uma concepção de mundo, sociedade e homem, a qual contribuirá para que o aluno se constitua como um ser consciente e crítico. Para que isso ocorra, é extremamente importante que se defina o método, o qual procuramos identificar e descrever a todo instante.

Síntese

Vimos neste capítulo que a forma de consolidar a pesquisa como princípio educativo é assegurar um processo rigoroso de construção de conhecimento, que passa por uma sequência de conceitos e categorias, os quais, necessariamente, estabelecem uma rotina de compreensão da realidade, tendo como pano de fundo a totalidade, para que essa articulação e relação entre o todo e suas partes e as partes e o todo seja permanente e constante no processo do trabalho em sala de aula.

Indicações culturais

~ Filmes:

O SORRISO de Mona Lisa. Direção: Mike Newell. Produção: Elaine Goldsmith-Thomas; Paul Schiff; Deborah Schindler. EUA: Columbia Pictures; Sony Pictures Entertainment, 2003. 125 min.

O filme mostra uma recém-graduada professora que consegue emprego no conceituado colégio Wellesley, para lecionar aulas de História da Arte. Incomodada com o conservadorismo da sociedade e do próprio colégio em que trabalha, Katharine decide lutar contra essas normas e acaba inspirando suas alunas a enfrentarem os desafios da vida.

SERAFINA. Direção: Darrell J. Roodt. Produção: Anant Singh. EUA/ França / África do Sul: Warner Brothers, 1992. 98 min.

Serafina descreve a trajetória de vida de uma aluna adolescente negra, indignada com as desigualdades e injustiças sociais de uma sociedade moderna que vende um sonho de vida de igualdade social possível de alcançar através da educação que, na realidade, não é verdadeira.

Atividades de Autoavaliação

1. Assinale V (verdadeiro) ou F (falso) para as afirmações seguintes:
   ( ) Fontes sociais de aquisição de saberes pessoais são: a família, o ambiente de vida, a educação no sentido lato etc.
   ( ) Modos de integração no trabalho docente dos saberes pessoais ocorrem pela história de vida e pela socialização primária.

( ) As fontes sociais de aquisição dos saberes, provenientes da formação profissional para o magistério, ocorrem pela formação e pela socialização profissionais nas instituições de formação de professores.

( ) Os modos de integração no trabalho docente, com relação aos saberes provenientes dos programas e livros didáticos usados no trabalho, ocorrem pela utilização das ferramentas de trabalho e sua adaptação às tarefas.

( ) As fontes sociais provenientes de sua própria experiência na profissão, na sala de aula e na escola, são provenientes da prática do trabalho e da socialização profissional.

2. Assinale a alternativa que identifica o significado de práxis com atividade social consciente:
   a) Processo que fundamenta o conhecimento sobre os fenômenos sociais e naturais.
   b) Demonstra exaustivamente as utilidades dos saberes e as formas de aplicá-las.
   c) As coisas são entendidas como se significassem por si mesmas, independentemente dos atos humanos.
   d) Acentua de forma não crítica os condicionantes sociais, econômicos, ideológicos e históricos que resultam da ação dos homens.

3. Assinale a alternativa que expressa o sentido e significado do conhecimento que seja duradouro:
   a) Possibilitará a sua aplicabilidade ao estabelecer as relações com outras situações, reconstruindo e construindo novos conhecimentos para proporcionar as mudanças da prática social.
   b) Atenderá as exigências momentâneas dos sujeitos, pois as representações mentais prévias buscam o que é relevante e necessário para entender o contexto de vida.
   c) Buscará permanentemente o esclarecimento, superando a falta

de clareza da vida cotidiana para que possa ajudar a explicar o que vive.

d) Possibilitará uma formação com o intuito de ampliar a visão de mundo, de sociedade e de homem, em que ele se veja como um sujeito apto a interferir na realidade.

4. Assinale V (verdadeiro) ou F (falso) para as afirmações seguintes:
( ) O conhecimento em sala de aula deve ser significativo, crítico, criativo e duradouro.
( ) O conhecimento somente terá sentido se possibilitar ao aluno compreender, usufruir e transformar a realidade.
( ) A extensão caracteriza-se como atividade institucional que dá o caráter social ao ensino e à pesquisa.
( ) A centralidade do processo de aprendizagem é fazer com que o aluno incorpore conhecimentos para processar informações que serão reproduzidas em algum dado momento de sua história.

Atividades de Aprendizagem

Questões para Reflexão

Lembre-se de algum conteúdo científico trabalhado em sala de aula por um professor, no período do ensino médio, que se tornou uma prática social permanente em suas ações. Evidencie, nesse conteúdo, o objetivo, não apenas o quê mas o para quê, numa perspectiva de transformação social, e comente o processo de aceitação que se estabeleceu em seu dia a dia.

Atividade Aplicada: Prática

1. Organize uma aula sobre um tema social contemporâneo, a partir de um determinado conteúdo das ciências de referência, contendo a seguinte estrutura:

1. Conteúdo – relatar a prática social inicial; o que eu entendo do conteúdo.
   1.1. Deverão ser listados os conteúdos e objetivos gerais e específicos.
   1.2. Com base no conteúdo proposto, relatar as vivências cotidianas, o que já se sabe e o que se gostaria de saber a mais.
2. O processo de compreensão passa pelos seguintes itens:
   2.1. Problematização: identificar e discutir sobre os principais problemas surgidos inicialmente pelo conteúdo e as dimensões a serem trabalhadas.
   2.2. Instrumentalização: estabelecer as relações entre sujeito e objeto do conhecimento através da intervenção do professor.
   2.3. Catarse: elaborar, de forma teórica, a síntese e a construção da nova totalidade concreta, pela expressão da síntese e da avaliação.
3. Conteúdo – prática social final – processo de aceitação.
   3.1. Manifestar-se sobre a nova postura prática e as ações do aluno na prática social do conteúdo, para que se observe o novo nível de desenvolvimento.

   A proposta do exercício está pautada pelo trabalho docente-discente, na perspectiva histórico-crítica de João Luiz Gasparin.

Capítulo 3

Neste capítulo veremos que a pesquisa como princípio educativo consiste, na educação superior, não apenas numa metodologia, mas também numa forma de compreender o papel e a finalidade do processo educacional universitário.

A docência e a questão da construção do conhecimento na contemporaneidade: a pesquisa como princípio educativo

As noções fundamentais, que permitem articular e visualizar a relevância da pesquisa no âmbito da formação universitária, serão desenvolvidas neste capítulo sem, no entanto, banalizar o ensino e a extensão, mas produzindo-a no contexto destes. Para tanto, argumentaremos que a pesquisa, a extensão e o ensino de qualidade, com fundamentação "racional", "argumentativa" e "lógica" (científica e filosófica), constituem a base do projeto educacional universitário, cabendo à universidade organizar as possibilidades de desenvolvimento da articulação entre essas três dimensões, a fim de gestar um modelo de formação universitária embasada não apenas no "consumo de conhecimentos", mas na "construção participativa", crítica e consciente destes. Tentaremos discutir as relações entre educação e sociedade, articulando o papel crítico e determinante da universidade na reconstrução dos significados sociais produzidos e legitimados de forma ingênua e ideológica no coletivo social. Destacaremos as características das pedagogias exógenas, que apostavam tudo no ensino como "transmissão" de conhecimentos por parte do professor (visão coletiva/estática e conservadora de mundo), e das pedagogias endógenas, que apostavam tudo na pesquisa como "construção" de conhecimento por parte do aluno (visão dinâmica/individual e liberal de mundo). Evidenciaremos, com isso, os momentos históricos fundamentais em que esses métodos de ensino foram concebidos na medievalidade (pedagogia exógena) e na modernidade (pedagogia endógena) e que função social eles cumpriam no processo formador. Isso possibilitará pensar a lógica de fundo que sustenta a pesquisa como princípio educativo, numa perspectiva crítica e dialética, destacando o significado desta para a educação e para a transformação social.

3.1 A pesquisa como princípio educativo

A experiência da pesquisa como princípio educativo na educação superior apresenta-se interligada em três instâncias fundamentais: ontológica (fundamentos constitutivos da realidade), epistemológica (categorias do pensamento e de conhecimento – ciência que permite investigar a realidade) e praxiológica (teorização/intervenção/transformação da prática social concreta)*. As três instâncias estão permanentemente em contato, sendo sempre atividades distintas, mas únicas e complementares. Elas estabelecem vínculos entre o pensar e o agir, entre a teoria e a prática. São, em outras palavras, as categorias mediadoras que fundamentam a coerência e a unidade dos projetos de pesquisa, de ensino e extensão na interface das instâncias sociais e históricas. Estabelecem-se, nessa concepção, os marcos teóricos que tornam a prática social concreta o mais importante e determinante dos processos educacionais e pedagógicos na educação superior.

Assim, entende-se que uma prática pedagógica e investigativa coerente e rigorosa sustenta-se numa teoria consistente e exigente, e que esta é capaz de iluminar e orientar a prática pedagógica e investigativa em todas as suas instâncias. Uma teoria, portanto, não é o conhecimento, mas possibilita o conhecimento. Segundo Buzzi, "o pensamento, na atividade teórica, luta por alcançar o conhecimento da atividade prática, o mundo da vida (*Lebenswelt*)" (Buzzi, 2004, p. 16). Sob esse prisma, toda teoria possui fundamentos (pressupostos ontológicos), os quais devem ser compreendidos e explicitados (epistemologia) a fim de que a prática pedagógica e investigativa não seja incoerente com os pressupostos e fundamentos teóricos. A este processo de relação

---

* A experiência da pesquisa representa, sobretudo: a) uma forma de compreender/constituir a realidade (**ontologia**), ou seja, fazer a pergunta acerca do que há e do que existe na realidade; b) uma forma de mapear e definir uma dimensão problemática da realidade através de um campo conceitual ou de um **método de pesquisa** (delimitando os objetos de estudo – o que quero conhecer), e os passos/procedimentos para a pesquisa (o como); c) uma maneira de problematizar o campo conceitual que produz uma certa apreensão da realidade (categorias de método e conteúdo) de forma permanente (**epistemologia**); e, d) um modo de transformar a realidade de forma crítica e consciente conforme as finalidades e os pressupostos construídos socialmente (**praxiologia**).

permanente entre o pensar e o agir, ou entre a teoria e a prática, na educação superior denominamos de *pedagogia da práxis*. A prática sócio-histórica concreta e mutante estaria exigindo da universidade uma matriz teórica/científica consistente, unitária e suficiente para dar conta de seus diferentes problemas. A prática social tornar-se-ia ponto de partida e de chegada do processo educacional e do conhecimento gestado na universidade. A prática social define-se como questão basilar que integra, orienta e justifica a produção de conhecimento no interior da universidade. A dissociação das instâncias da pedagogia e da práxis, nesse âmbito, produz óticas fragmentárias e duais na construção do conhecimento. Estar atento e vigilante quanto às conexões e articulações ontológicas, epistemológicas e praxiológicas que estruturam e organizam a pesquisa como princípio educativo constitui-se, portanto, tarefa de uma pedagogia crítica. Esta deve orientar a construção do conhecimento sempre numa perspectiva histórica e cultural, nunca encobrindo relações de poder e práticas de dominação.

O critério fundamentador, ontológico, portanto constitutivo, de assumir a pesquisa como princípio educativo na educação superior consiste, numa primeira instância, em compreender o estatuto e a função pedagógica que ela exerce na conservação/transformação da realidade social e na constituição de sujeitos éticos, políticos e culturais. A pesquisa torna-se, nesse sentido, uma ferramenta formadora construída na interface das necessidades sociais e profissionais mais amplas e nas condições epistêmicas e socioculturais dos educandos. Ela se coloca como meio e finalidade da formação de sujeitos sociais, que compreendem a prática da pesquisa como tarefa que liga e confere unidade entre as realidades particulares e universais. Assim, o ato de pesquisar faz sentido, para aprender melhor o já aprendido e para conhecer o ainda não conhecido; para entender a forma social vigente e para construir as formas sociais possíveis. A pesquisa configura-se como uma ferramenta a serviço da liberdade humana, não se dissociando do ensino e da extensão. Ela torna-se precursora das aprendizagens sociais e científicas requeridas nestes tempos.

Segundo Marques (2003, p. 132),

> A *pesquisa na universidade não se pode restringir à pós-graduação, muito menos reduzir-se a processo de galgar posições na carreira universitária, de elitizá-la. Faz-se mister [sic] se estabeleça na universidade, para todos – professores, alunos e corpo funcional – uma clara e abrangente política de pesquisa que se acompanhe o tempo todo das práticas do escrever. Importa enfrentar corajosamente, para superá-los, aos dualismos de ensino e pesquisa, cursos de graduação e pós-graduação.*

Uma clara política de pesquisa que enfatize o caráter imprescindível de busca da reconstrução permanente dos fundamentos que legitimam as práticas de conhecimento faz-se mister na prática universitária, desde que não se cometam os equívocos e reducionismos da lógica formal clássica (que resume tudo a isto *ou* aquilo). A lógica da pesquisa, numa concepção dialética/complexa (isto *e* aquilo) surge integrada à do ensino, como a única condição para tornar os conhecimentos sempre atuais e pertinentes a cada realidade histórica e cultural. Assim, como critério operacional e didático, cumpre não dissociar a pesquisa do ensino, tampouco abandonar o ensino, priorizando a pesquisa. É preciso pensar na articulação, nas possibilidades de realizar uma prática universitária que integre o ensino, a pesquisa e a extensão. E isso pode ocorrer no interior dos processos de aprendizagem. Na leitura de Marques (2003, p. 132), "sob o primado da pesquisa, cumpre assumir o desafio de repensá-la/reconstruí-la em si mesma e no interior de processos da aprendizagem". Isso significa que a pesquisa não pode visar a um desenvolvimento das ciências e tecnologias à parte dos "interesses humanos em jogo e à parte da formação dos novos sujeitos num mundo em constantes transformações".

Nesse contexto, os desafios da docência na construção do conhecimento na educação superior articulam-se em torno da ideia de que novos desafios (econômicos, políticos, sociais e culturais) estão sendo postos pela prática social concreta. As novas demandas postas pela reestruturação produtiva do capital, no âmbito da acumulação flexível, requerem a formação de profissionais e cidadãos capazes de aprender a pesquisar para:

a. compreenderem, desenvolverem e reconstruírem, numa perspectiva complexa e dialética, os novos processos produtivos, dominando e produzindo os conhecimentos científicos, as técnicas e as habilidades fundamentais para o exercício profissional;

b. produzirem respostas radicais e profundas (do ponto de vista científico, ético, político e filosófico) acerca dos inúmeros problemas (exclusão social, corrupção, fome, anomia, destruição ambiental, fundamentalismo, doenças etc.) decorrentes da contradição fundamental instalada com o capitalismo contemporâneo;

c. participarem ativamente, no âmbito social e comunitário, a fim de reconstruir o sentido e a relevância da política para o coletivo social;

d. refletirem acerca dos fundamentos básicos que constituem a sociedade contemporânea e global, mapeando e identificando, em escala local, as interfaces com o movimento global;

e. compreenderem e posicionarem-se acerca dos novos desafios éticos, culturais e morais gestados na contemporaneidade.

Assim, importa destacar o papel da pesquisa na educação superior em suas funções científicas, políticas, éticas e filosóficas, sendo ela, ao mesmo tempo, uma metodologia de ensino e uma finalidade social requerida pelos novos tempos.

3.1.1 A aprendizagem científica e profissional

A educação superior, no cumprimento de sua função social, precisa contemplar a qualidade do ensino, assegurando e garantindo aprendizagens rigorosas nos diversos campos científicos, bem como a iniciação científica que prepara o acadêmico para o exercício e o desenvolvimento de todas as suas potencialidades críticas e criativas. Criar condições necessárias para a emergência das **capacidades** (saberes) e das **competências** (*savoir faire*) indispensáveis à ação profissional, científica e cidadã, torna-se a missão insubstituível e específica do ensino superior. Os objetivos educacionais dessa esfera de ensino tornam-se resumíveis, na leitura de Meirieu, aos objetivos de competências e aos objetivos de capacidades.

Meirieu (1998, p. 17) compreende que uma aprendizagem profissional eficaz só pode se realizar se, por um lado, o sujeito dispuser dos **materiais e dos instrumentos** necessários (o domínio da língua escrita e oral, o conhecimento de conceitos aos quais recorrerá necessariamente e, cada vez mais, as "informações mínimas" sobre o meio cultural no qual a aprendizagem profissional se operará) e se, por outro lado, souber realizar **operações mentais** indispensáveis (deduzir, antecipar, analisar, efetuar uma síntese etc.). Meirieu esclarece que a formação acadêmica possui, assim, uma dupla responsabilidade: de fornecer a todos "um núcleo rígido de conhecimentos essenciais reorganizados em torno de noções chave, e de formar comportamentos intelectuais estabilizados que o sujeito possa aplicar em qualquer ação de formação que poderá empreender a seguir" (Meirieu, 1998).

Severino (2002, p. 36), numa concepção dialética, compreende que

> O saber constitui-se pela capacidade de reflexão no interior de determinada área do conhecimento. A reflexão, no entanto, exige o domínio de uma série de informações. O ato de filosofar, por exemplo, reclama

um pensar por conta própria que é atingido mediante o pensamento de outras pessoas. A formação filosófica pressupõe, dialética e não mecanicamente, a informação filosófica. Do mesmo modo alguém se torna grande poeta ou escritor e, como tal, altera com seu gênio sua língua e sua cultura. Antes, porém, de aí chegar será influenciado por essa cultura e se comunicará através da língua que aprendeu submissamente. Afinal, o homem é um ser culturalmente situado. Assim sendo, a posse de informação completa de sua área de especialização é razoável nas áreas afins, assim como certa cultura geral é uma exigência para qualquer estudante universitário, cujos objetivos signifiquem algo mais que um diploma.

As metas do ensino, nessa concepção, não se resumem somente à transmissão de conceitos, como assinalam os defensores da pedagogia exógena (que enfatizam a importância da exterioridade no processo de aprendizagem, focando-se nos métodos – no professor e no conhecimento), tampouco à mera construção de competências, como assinalam os defensores da pedagogia endógena (que enfatizam a importância da interioridade e da subjetividade no processo de aprendizagem). As metas do ensino são pautadas tanto na busca da construção das capacidades (dos conhecimentos indispensáveis) quanto das competências (ações que mobilizam os conhecimentos). Elas são inseparáveis, de modo que as capacidades tornam-se inúteis sem as competências que as permitem aplicá-las. Isso não significa que as competências e as capacidades não possam ser desenvolvidas separadamente (Meirieu, 1998, p. 17). Mas cabe lembrar que todas as competências se alicerçam em categorias, conceitos e conhecimentos científicos e filosóficos. Uma competência profissional não pode se sustentar na mera opinião, devendo pautar-se na lógica da ciência.

Segundo Bachelard (2001, p. 18),

A ciência, tanto por sua necessidade de coroamento como por princípio, opõe-se absolutamente à opinião. Se, em determinada questão, ela legitima a opinião, é por motivos diversos daqueles que dão origem à opinião; de modo que a opinião está, de direito, sempre errada. A opinião pensa mal; não pensa: traduz necessidades em conhecimentos. Ao designar os objetos pela utilidade, ela se impede de conhecê-los. Não se pode basear nada na opinião: antes de tudo é preciso destruí-la. Ela é o primeiro obstáculo a ser superado. Não basta, por exemplo, corrigi-la em determinados pontos, mantendo como uma espécie de moral provisória, um conhecimento vulgar provisório. O espírito científico proíbe que tenhamos uma opinião sobre questões que não sabemos formular com clareza. Em primeiro lugar, é preciso saber formular problemas. E digam o que disserem, na vida científica, os problemas não se formulam de modo espontâneo. É justamente esse sentido do problema que caracteriza o verdadeiro espírito científico. Para o espírito científico, todo o conhecimento é resposta a uma pergunta. Se não há pergunta, não pode haver conhecimento científico. Nada é evidente. Nada é gratuito. Tudo é construído.

Severino (2002, p. 16), discutindo a construção do espírito científico na universidade, afirma que

Com efeito, surge inicialmente a própria questão da competência, entendida como domínio dos conteúdos, dos métodos, das técnicas das várias ciências, enfim o domínio das habilidades específicas de cada área de formação e de cada forma de saber e de cultura. Este é o objetivo mais explicitado da formação universitária. E é uma exigência plenamente justificável do ensino superior, não havendo como compactuar com a mediocridade, com o superficialismo, em matéria de ensino e aprendizagem. Continuam sendo metas a serem encaradas com seriedade, no âmbito da tarefa educacional brasileira, a qualificação do ensino, o rigor da aprendizagem, a iniciação à pesquisa e a superação de todas as falhas decorrentes da falta de rigor científico no processo de ensino superior. O esforço pedagógico da universidade não pode deixar de lado, em nenhum momento, esta preocupação e as decorrentes tarefas. Por isso, fica claro, deste ponto de vista, que o objetivo é aprender, é obter conhecimentos, é dominar produtos da ciência e, até mesmo, dominando seus métodos, criar ciência.

Nesse âmbito, o domínio fundamental das categorias e métodos que fundamentam e alicerçam o saber de uma determinada área profissional, e das diversas ciências que as constituem, torna-se uma tarefa que precisa ser realizada com rigor e seriedade na educação superior. É através desse domínio categorial que se estruturam as representações que orientam o agir profissional. É através desse aprofundamento temático e conceitual que se possibilitam as capacidades básicas e as competências estruturantes de uma profissão. O universo da ação racional e consciente só pode emergir a partir de uma profunda cultura científica, a qual ajude a evidenciar os pontos centrais de toda intervenção profissional, permitindo aos seus estudantes analisarem cada realidade e formularem seus problemas principais. As categorias científicas, além de serem as bases conceituais que respondem a determinados problemas postos pela prática social, são os elementos que justificam e legitimam o uso e o desenvolvimento de determinadas técnicas e práticas profissionais. Quando as "representações da realidade" não são suficientemente significativas, ou seja, não possuem um suporte científico que permita compreender e explicar em amplitude e profundidade o objeto de estudo em questão, há um sério risco de a ação profissional ser espontaneísta e medíocre.

3.1.2 A experiência da pesquisa

Sob esse critério, a experiência da pesquisa é uma forma de caminhar, de produzir caminhos, de estruturar olhares, de criar pontes, de produzir sentidos, de multiplicar as formas de compreender o emaranhado constitutivo da realidade. Para além de apenas constituir-se num aparato metodológico e didático, que objetiva imprimir marcas e proporcionar determinadas experiências e aprendizagens aos educandos, a pesquisa como princípio educativo constitui-se numa forma de compreender, fundamentar, construir e desenvolver perspectivas de ação no mundo. Apreender os métodos da ciência, dos elementos constitutivos das ciências e das suas técnicas não é possível sem colocar-se no desafio de apropriar-se dela, de compartilhar de uma forma especial de produzir e dizer o mundo. Não se rompe com o senso comum, com a opinião, apenas lendo, copiando, parafraseando. Torna-se preciso ir além, transgredir, "romper" com o instituído, o que só se faz pautado num espírito científico capaz de superar o próprio "estado da arte" em termos lógicos, ontológicos e epistemológicos.

Marques (2001b, p. 25) considera que

> Por essa presença dos dinamismos das ciências em todos os setores da vida humana em sociedade, a educação se transforma de transmissão de saberes acabados em inserção no movimento pelo qual as ciências se transformam de contínuo, de maneira a não se poder pensar o ensino das ciências senão de forma colada ao movimento de constituição delas. E, se o fazer das ciências é já um saber pedagógico em processo descontínuo e através de rupturas, não pode o ensino das ciências fazer-se acabado e dogmático, distanciando (sic) assim do processo constitutivo delas. Fundam-se por isso, as aprendizagens nessa racionalidade aberta, vigilante e perguntadora, capaz de superar os obstáculos que (sic) se defronta.

Na interpretação de Marques (1996, p. 36), "como nenhuma outra instituição, a universidade confere à pesquisa os necessários requisitos da validação/certificação social e da publicidade crítica". Ela é a instância por excelência, capaz não apenas de transmitir conhecimentos, mas também discutir a validade e legitimidade destes no contexto das diferentes profissões e necessidades sociais. Assim, reconceitualiza-se hoje o conhecimento enquanto "processo intersubjetivo em que o senso comum se torna ciência pela argumentação de uma comunidade de cientistas e a ciência se faz senso comum, reconvertida pela discussão pública dos resultados a que conduz" (Marques, 1996). No movimento de constituição das ciências, no interior dos processos universitários, refazem-se as "limitações" e "incongruências" do senso comum – rompendo assim com os conceitos "insuficientes" e "dogmáticos" do cotidiano –, e também as próprias ciências, com suas dimensões "limites" e "abstratas" – rompendo, dessa forma, com a "insuficiência", o "dogmatismo" e a esclerose do conhecimento científico.

Isso possibilita estabelecer e construir na educação, de maneira consciente e crítica, uma forma de racionalidade aberta, comunicativa e dialógica, a qual reconstrói a ciência ao mesmo tempo em que problematiza a vida social. Significa também buscar na própria sociedade a validação dos pressupostos e resultados produzidos em termos educacionais, o que implica numa capacidade de produzir conhecimento através da pesquisa e publicizá-lo através da argumentação racional. Segundo Marques (2003, p. 131), "à acareação crítica dos saberes que circulam na universidade, de forma a se validarem eles nessa comunidade argumentativa ampliada, se acrescenta a necessária certificação social deles, ou a aceitabilidade por parte da sociedade". Na forma da publicidade crítica, os saberes gestados na universidade necessitam buscar sua unidade, coerência e validação na exposição à própria universidade como um todo, a outras universidades e ao mundo.

Por isso, a pesquisa, como princípio educativo, torna-se não apenas caminho, o qual possibilita alcançar novos patamares de formação de competências e de capacidades profissionais e cidadãs, mas também "meta" e ponto de chegada de todo o processo de educação superior, uma vez que possibilita habilitar os sujeitos naquilo que é de mais fundamental às sociedades humanas contemporâneas – a capacidade de produzir ciência e de definir os próprios critérios da racionalidade científica. Isso conjuga, de forma articulada, o grande objetivo da formação universitária no contexto contemporâneo (da condição pós-moderna): formar trabalhadores, profissionais e cidadãos numa perspectiva da busca da autonomia profissional e da gestão social. Autonomia que se sustenta, diga-se de passagem, não apenas pautada no âmbito do consumo de conhecimento (ciência, técnica e normatividade), mas também na produção de conhecimento (ciência, técnica e normatividade) próprio e necessário a cada realidade social. Sendo assim, dissociar os âmbitos científicos do próprio processo de produção destes, em termos epistemológicos, é a forma mais parcelar e dicotômica de entender a constituição pedagógica da ciência e mesmo o papel do ensino universitário que, ao invés de formar para a autonomia e a construção da ciência, tem formado para a heteronomia e o consumo de ciência e tecnologia apenas.

Na leitura de Marques (2002, p. 108),

> *Não se pode adequadamente pensar a ciência pedagógica sem pensar a pedagogia das ciências, ou seja, não se pode pensar o ensino das ciências senão colada ao movimento da constituição delas. Se o fazer da ciência é já um fazer pedagógico em processo descontínuo e através de rupturas, pode, no entanto, o ensino de ciências adquirir fórmulas acabadas e dogmáticas, distanciando-se, assim, do processo reconstrutivo delas, sempre em sucessivas aproximações. Contra essas recaídas epistêmicas precisamos os educadores estar alertas.*

Sob esse prisma, a simples assunção/adoção da pesquisa como princípio educativo não garante a concretização de seu amplo e profundo sentido formador, uma vez que somente o entendimento e a tomada de consciência sobre como ocorrem os processos de construção humana e qual o papel da educação superior e da ciência na transformação da realidade social é que podem orientar os educadores na escolha e construção dos modelos metodológicos. Isso significa que é preciso estar consciente dos campos conceituais que estruturam e orientam a ação pedagógica e a intervenção crítica na realidade, uma vez que somente a produção coerente e crítica de referenciais que tentam dar conta da concretude do real vivenciado e sonhado é que pode fundamentar e estruturar a relevância da pesquisa como princípio educativo. Para tanto, "competência científica e competência comunicativa se supõem em reciprocidade e se autoexigem" (Marques, 2003, p. 133), a fim de que se reconstruam, na comunidade argumentativa dos pesquisadores e educadores, os próprios fundamentos das ciências que explicam o real.

Vásquez (2007, p. 30) argumenta que "Nesse sentido, a destruição da atitude própria à consciência comum é condição indispensável para superar toda consciência mistificada da práxis e elevar-se a um ponto de vista objetivo, científico, a respeito da atividade prática do homem. Só assim podem unir-se conscientemente o pensamento e a ação".

Assim, tornar a pesquisa um princípio básico e assumido na prática formadora requer, em última instância, rigor, seriedade e coerência com os pressupostos assumidos no âmbito da teorização, ou da construção discursiva e orientadora das práticas educativas. Essa construção, ou teorização argumentativa (reflexiva), que se dá no âmbito da prática pedagógica, é o que permite a mediação, ou a formulação dos parâmetros racionais que possibilitam avaliar e conferir validez e legitimidade social às ações formativas que se dão pelo viés da pesquisa. Não possuir um projeto consciente, ou uma forma de racionalidade capaz de ser sustentada argumentativamente, consiste numa forma de ação que pode ser denominada nos meios educacionais de espontaneísta/irracional (e esta precisa ser fortemente combatida).

3.1.3 A relevância social da pesquisa

Os critérios que orientam a pesquisa são sempre de origem histórica e cultural, sendo datados e referentes a problemas postos pela própria sociedade que precisa solucioná-los ou conferir-lhes um novo dimensionamento. Nesse âmbito, a percepção objetiva e atenta ao movimento real da sociedade permite aos pesquisadores vasculharem e sondarem as instâncias problemáticas que exigem solução do ponto de vista da pesquisa. Os conhecimentos, os referenciais, as teorias, fornecem as primeiras condições para a investigação do "estado da arte", isto é, do nível problemático da realidade, bem como as soluções que foram enunciadas por outras pesquisas. As experiências pessoais, as visitas de campo, o olhar atento sobre o cotidiano, fornecem elementos que permitem confrontar e compreender, mesmo em estágio caótico, as impressões iniciais que temos sobre determinada dimensão da realidade.

O desafio da pesquisa, para além de simplesmente se constituir em um ritual no ensino superior, é lapidar e aperfeiçoar o olhar, os sentidos, a sensibilidade, acerca das muitas instâncias que constituem o tecido da vida humana em sociedade. A noção de pesquisa, em sua essencialidade, visa, em última instância, à produção de conhecimento novo, fidedigno, com relevância teórica e social. Todo processo de pesquisa precisa, assim, atingir alguns objetivos fundamentais:

    a. demonstração da existência (ou ausência) de relações entre diferentes fenômenos;

    b. Instauração da consistência interna entre conceitos dentro de uma dada teoria;

    c. desenvolvimento de novas tecnologias ou demonstração de novas aplicações de tecnologias conhecidas;

d. aumento da generalidade do conhecimento;
e. descrição das condições sob as quais um fenômeno ocorre.

Assim, o desafio da pesquisa consiste no exercício de produzir, conscientemente, elementos que permitem interpretar e transformar a realidade a partir de um determinado problema constatado, formulando respostas que se mostrem novas e relevantes. Isso inclui a seleção das melhores fontes de informação, definindo ações que produzam essas informações e um sistema teórico para o tratamento destas (Luna, 1996, p. 14).

Supera-se, assim, uma racionalidade que visa somente repisar o que muitos já disseram, ou mesmo imobilizar-se à procura do absolutamente original. Qualquer desses extremos subestima a atividade dos sujeitos coletivos, desconhecendo a compreensão da ciência como uma atividade inerentemente social, histórica, de caráter coletivo (Luna, 1996). Nesse sentido, a pesquisa como princípio educativo torna-se forma e função, processo e produto da educação superior, na medida em que é uma ferramenta que coloca o educando numa situação de permanente problematização da realidade dada, vivida, tendo de produzir dados sobre ela e, ao mesmo tempo, constituir-se como sujeito pesquisador e político. Necessidade posta no sentido da reconstrução, da reinterpretação do dado, seja ele teórico ou empírico, em que se fundam as comunidades aprendentes, pesquisadoras, sedentas pela compreensão e instauração do "novo possível". Necessidade posta, também, não nos termos de uma busca pela melhor performatividade do sistema capitalista, que exige sujeitos polivalentes, críticos e criativos, mas pelas próprias demandas de busca de instauração da cidadania e da democracia, que diante das novas formas de aceleração do tempo social, mediado pelas tecnologias, exige novas relações com o conhecimento em âmbito escolar e universitário.

Para Marques (2001b, p. 25)

A aceleração da temporalidade social subverte, no princípio educativo da pesquisa, a noção de conhecimento como algo dado de vez, para sempre e imutável e algo transmitido pronto e acabado de geração a geração. Transforma-se na pesquisa a verticalidade do ensino na transversalidade horizontal das relações pedagógicas e da interlocução de saberes onde as aprendizagens se orientam desde as experiências vividas pelos educandos e pelos educadores. Em vez de o professor transmitir aos alunos o que sabe e julga oportuno, os educandos buscam a reconstrução de seus prévios saberes apelando aos saberes do professor transformado em orientador de estudos, ao mesmo passo que fiador da validação social dos saberes reconstruídos nas efetivas aprendizagens escolares.

A pesquisa, assim concebida, pressupõe que educandos e educadores são sujeitos ativos, os quais, curiosamente, querem compreender as instâncias objetivas e subjetivas que os constituem. Mais do que tarefa posta e imposta pela sociedade e pela cultura, a educação humana envolve um além do dado, do concreto e do vivido no presente cotidiano, para um além sonhado, imaginado e a ser construído. Mas esse mundo a ser construído está encharcado de tempo histórico e de tradição, que precisa também ser investigado e compreendido para que não se torne menos problemático. A educação humana consiste na tarefa mais basilar, pela qual todos os homens, para se tornarem "verdadeiramente" homens, precisam passar. A pesquisa em educação envolve, para tanto, um compromisso com a tradição, com os problemas postos por essa tradição na atualidade do momento histórico e um projeto que rompa com as mazelas e limites postos pela história à humanidade.

Brandão (2003, p. 167) afirma que

A passagem progressiva de um ensino centrado no dizer a palavra sabida para uma aprendizagem fundada no buscarmos juntos a palavra que nos diga algo, por meio de uma alternativa qualquer de investigação partilhada, transforma uma turma passiva de alunos em uma comunidade ativa de criação de aprendizados. Ela funda a comunidade aprendente, não tanto pelos conteúdos disciplinares que articula, mas pelos processos interativos por meio dos quais o "ensino de" se funde na "aprendizagem através de" e gera, passo a passo, experiências de vivências dialógicas de saber.

A concepção de que o momento educativo é apenas um momento de transmissão da cultura e de formação técnica, produtiva e valorativa conduz o processo educativo por métodos passivos em que apenas o educador investiga e problematiza a realidade, sendo o educando apenas receptáculo para o mundo da cultura. Essa concepção, embora muito útil em outros momentos da história da humanidade, não condiz com as necessidades sociais exigidas no atual momento histórico, uma vez que a velocidade da transformação social e dos processos produtivos exige sujeitos capazes de não apenas receberem informações e dados prontos, mas de, fundamentalmente, construírem dados e informações. Acenar com essa possibilidade é criar um espaço dialógico de ensino, em que se compartem as responsabilidades pela compreensão profunda dos problemas que atingem a humanidade como um todo e, ao mesmo tempo, os lugares particulares onde se desenvolve a vida.

Segundo Pinto (2000, p. 30), numa concepção dialética do ensino, a qual assumimos para pensar o papel da pesquisa, entende-se que

> *a educação é o processo pelo qual a sociedade forma seus membros à sua imagem e em função de seus interesses. Por consequência, educação é formação (Bildung) do homem pela sociedade, ou seja, o processo pelo qual a sociedade atua constantemente sobre o desenvolvimento do ser humano no intento de integrá-lo no modo de ser social vigente e de conduzi-lo a aceitar e buscar os fins coletivos.*

O papel da educação, portanto, é o de realizar em escala individual o que a sociedade conseguiu produzir até aquele momento histórico em escala coletiva (em nível técnico, científico, filosófico, político, ético e artístico). Mas, antes de aprofundarmos a concepção dialética do ensino e da aprendizagem e de entendermos o papel de uma pedagogia dialética e complexa na educação superior, tentemos, primeiro, entender as características principais das pedagogias exógenas e endógenas e suas contribuições na educação tradicional e no *escolanovismo*. Ou seja, tentemos entender como as sociedades medieval (feudal e teológica) e moderna (burguesa e cientificista) produziram, em suas teorias, os meios (as formas e os conteúdos) para realizar suas finalidades educacionais.

3.1.4 As pedagogias exógenas na educação

Algumas perspectivas pedagógicas, denominadas de *pedagogias exógenas*, entendem, por exemplo, que a centralidade do fenômeno educativo está na "transmissão do conhecimento", concentrando a tarefa e a responsabilidade do ensino nas mãos do professor. Nestas, o professor se apresenta como porta voz de uma cultura social que precisa ser aprendida e da qual é o agente capaz de transmitir e formar os sujeitos aprendizes. Os educandos são como uma "massa de modelar" que a sociedade molda como assim desejar. O conteúdo é o modelo, ou melhor, a forma ideal, a qual precisa ser ensinada aos educandos para que estes se tornem humanos. A tarefa da educação é a de conservar/transformar o mundo, a tradição, a história, mas cabe ao professor a centralidade desse processo – valendo a máxima da "construção dos sujeitos". A educação e o processo de ensino-aprendizagem centram-se na força do ensino, da exterioridade sobre a interioridade, da pressão social sobre a subjetividade. A aprendizagem é tratada, nessa concepção instrucionista, como fenômeno linear: de cima para baixo, de fora para dentro, em um contexto autoritário de obediência (Demo, 2002). Segundo Demo

(2002, p. 134), "daí surge o conceito completamente equivocado de 'transmissão de conhecimento' e mesmo de aquisição de conhecimento, dentro da visão bancária, como diz Paulo Freire".

Para Rego (2004, p. 89),

> A *visão e a prática da pedagogia tradicional (na sua versão conservadora ou tecnicista) é permeada pelos pressupostos do ambientalismo. O papel da escola e do ensino é supervalorizado, já que o aluno é um receptáculo vazio (alguém que em princípio nada sabe). A transmissão de um grande número de informações torna-se de extrema relevância. A função primordial da escola é a preparação moral e intelectual do aluno para assumir sua posição na sociedade. O compromisso da escola é com a "transmissão da cultura" e a "modelagem comportamental".*

Numa concepção estritamente mecânica e instrumental, muitas vezes as pedagogias exógenas (ambientalistas) têm sido apropriadas para justificar perspectivas de conhecimento e metodologias de ensino que desconsideram a realidade dos educandos e a complexidade do ato educativo. A denominada *educação tradicional*, a forma mais corrente no ensino da atualidade, torna sempre presente a força da tradição e do método expositivo, como forma de garantir e assegurar o rigor e a qualidade do processo epistêmico. Os educandos aparecem no processo como "depositários" de uma verdade a ser assimilada. Os professores são transmissores de conhecimentos produzidos por outros em instâncias por eles desconhecidas. As verdades que proferem emanam de relações sociais e produtivas que não são problematizadas. A ciência torna-se um ente metafísico que, aparentemente distanciado do mundo concreto/cotidiano, produz verdades "certas e indubitáveis" que precisam iluminar a vida individual. A educação como transmissão adquire faces de adaptação dos sujeitos às formas socialmente estabelecidas. O ensino não é senão a pura reprodução da ordem dominante. O conhecimento aparece como algo estático, homogêneo, fechado, sendo ensinado em pequenas doses, para que não "empanturre" os educandos de uma só vez.

Vasconcellos (2005, p. 21) interpreta que,

> A concepção de conhecimento que estava presente na metodologia expositiva era aquela do aluno como uma tábula rasa (cf. Aristóteles, Locke), na qual, desde que prestasse atenção e o discurso fosse claro e lógico, o professor ia escrevendo à medida que ia falando e, portanto, quando menos perceber [sic] o aluno já teria aprendido, pois o professor transferia [sic] o saber para seu cérebro. O homem era concebido como um ser passivo. A teoria do conhecimento da época estava baseada na convicção de que a melhor forma de aprender era pela memorização: a impregnação da ideia/imagem no cérebro (influência empirista/sensualista). Confundia-se, portanto, consequência com causa, ou seja, como sabemos hoje, o sujeito memoriza porque aprendeu e não aprende porque memorizou.

Conforme expõe o documento do MEC/Cenafor de 1990, citado por Vasconcellos (2005, p. 21),

> O processo de ensino-aprendizagem pode ser assim sintetizado: o professor passa para o aluno, através do método de exposição verbal da matéria, bem como de exercícios de fixação e memorização, os conteúdos acumulados culturalmente pelo homem, considerados verdades absolutas. Nesse processo predomina a autoridade do professor enquanto o aluno é reduzido a um mero agente passivo. Os conteúdos, por sua vez, pouco têm a ver com a realidade concreta dos alunos, com sua vivência. Os alunos menos capazes devem lutar para superar as suas dificuldades, para conquistar o seu lugar junto aos mais capazes.

Assim, percebe-se que as relações de poder historicamente estabelecidas são pouco consideradas nessa concepção do ensino. A dinâmica contraditória da sociedade cristaliza-se na forma de uma metodologia que centraliza o professor como sujeito e o educando como objeto: "um ensina, outro aprende, cada qual em seu lugar próprio, estanque; um fala, outro escuta; um cospe matéria, outro toma nota; um dá ordens, outro faz prova" (Demo, 2002, p. 134). O foco é do social sobre o individual. A dinâmica implica apenas na reprodução das relações desiguais de poder na sociedade. A noção de conhecimento refere-se ao que foi proposto e está estabelecido nos programas oficiais. O que é assumido como conhecimento válido refere-se ao que já foi produzido. A tarefa da educação, mesmo da educação superior, seria inteirar e informar os alunos acerca das teorias mais correntes na academia. O processo ocorre numa forma de exposição verbal, bem como de exercícios de fixação e memorização de conteúdo. Este tem pouco a ver com a realidade concreta em que vivem os educandos (Rego, 2008), os quais são tão abstratamente "ensinados" que não conseguem se preparar para uma busca ativa e radical de conhecer e compreender/transformar o mundo em que vivem. A forma de ensino, além de centralizadora, acaba por comprometer o conteúdo do ensino. O conteúdo, enquanto ferramenta que poderia abrir para outras possibilidades de interpretação e transformação da realidade, acaba por ser subsumido a uma dinâmica acumulativa/passiva e burocrática.

3.1.5 As pedagogias endógenas na educação

As perspectivas pedagógicas, denominadas *pedagogias endógenas*, afirmam que a centralidade do fenômeno educativo está na "construção do conhecimento", concentrando a tarefa e a responsabilidade da aprendizagem nas mãos do educando. Nestas, o educando se apresenta como o sujeito capaz de construir cultura conforme as suas potencialidades e desejos. Os educandos, agora, se assemelham a "sementes que trazem consigo todas as potencialidades da flor". O ensino nada mais faz que permitir e criar um ambiente favorável para desabrochar as potencialidades do sujeito. A tarefa da educação é a de conservar/transformar o mundo, a tradição, a história, mas cabe ao educando a centralidade desse processo – valendo a máxima da "autoconstrução do sujeito". A educação e o processo de ensino-aprendizagem centram-se na força da aprendizagem, da interioridade sobre a exterioridade, do desejo subjetivo sobre a força do social.

De outra forma, numa concepção estritamente subjetivista, pragmática e fenomenológica, muitas vezes as pedagogias endógenas têm sido também apropriadas para justificar perspectivas de conhecimento e metodologias de ensino que desconsideram a realidade histórica e a objetividade do conhecimento. A denominada *educação liberal*, enquanto forma corrente de ensino que inspirou a escola nova, torna sempre presente a força da subjetividade, da liberdade e do desejo do educando, como forma de garantir e assegurar a qualidade e o sucesso do processo epistêmico. Os educandos aparecem no processo como "pesquisadores" de uma verdade a ser descoberta. Os professores são meros orientadores e facilitadores de processos de busca de conhecimentos. As verdades que emanam dos sujeitos e de suas pesquisas não são problematizadas. A ciência torna-se uma pasmaceira fenomênica que, aparentemente colada ao mundo concreto, produz verdades "opinativas", "certas e indubitáveis", que precisam iluminar a vida individual. A educação como "descoberta" adquire, assim como a educação como "transmissão", faces de abandono dos sujeitos às formas ideológicas socialmente estabelecidas. O ensino não é senão a pura reprodução da confusão cotidiana no interior dos processos educativos formais e, portanto, a reprodução da ordem dominante. O conhecimento aparece como algo fluido, prático e aberto, sendo apreendido, dessa forma, conforme as necessidades exclusivamente práticas e empíricas vividas pelos educandos.

Vasconcellos (2005, p. 30) expõe que

> Segundo esta perspectiva da educação, o professor deve estabelecer as condições para que o aluno faça, por si mesmo, a redescoberta das relações de constituição da realidade. Dessa forma, espera-se um envolvimento muito grande por parte dos alunos, por serem eles mesmos os autores de seus conhecimentos. Ocorre que, objetivamente, não há tempo na escola para o aluno redescobrir tudo (ou mesmo fazer a experiência concreta de tudo). Em decorrência disto, incorreu-se num erro de concepção, quando se chegou a valorizar o aprender a aprender em detrimento do próprio conhecimento acumulado. Entendemos que devemos formar o aluno com capacidade de pesquisar (aprender a aprender), mas aprende-se a pesquisar em cima das situações, conteúdos concretos, que devem abranger os conceitos básicos do processo histórico social [...].

As relações de poder historicamente estabelecidas também não são tematizadas nessa concepção do ensino. A dinâmica contraditória da sociedade cristaliza-se na forma de uma metodologia que centraliza o educando como sujeito e o professor como mero facilitador. O foco é do individual sobre o social. O social emerge como que uma instância que segue as mesmas leis da natureza. Há, portanto, uma determinação natural da sociedade, da história e do sujeito (Klein, 2000). O conhecimento refere-se ao que vai ser descoberto e será uma opção individual do sujeito. O conhecimento refere-se aos desejos do sujeito – à sua experiência individual. A tarefa da educação, mesmo da educação superior, seria possibilitar aos alunos experiências de conhecimento que o ajudem a realizar e a desenvolver suas potencialidades – aprender a aprender. O processo ocorre numa forma de pesquisa individual, bem como de exercícios de exposição dos conhecimentos em seminários. O conhecimento produzido tem pouco a ver com a realidade histórica em que vive a humanidade. Os educandos são tão abstratamente "abandonados" na pesquisa que não conseguem se preparar para uma busca ativa e radical de conhecer e compreender/transformar o mundo em que vivem. A forma de ensino, além de centralizadora (no educando), acaba por comprometer o conteúdo do ensino e descaracterizar a importância do professor e dos conhecimentos historicamente produzidos. Em suma, nos métodos novos, privilegiam-se os processos de **obtenção de conhecimento,** enquanto nos métodos tradicionais, privilegiavam-se os processos de **transmissão de conhecimento** (Saviani, 2000). O conteúdo, enquanto ferramenta que poderia abrir para outras possibilidades de interpretação e transformação da realidade, acaba por ser subsumido a uma dinâmica superficial/ativista e espontaneísta[*]. Saviani, citado por Vasconcellos (2005), aponta que há a necessidade de se estabelecer a superação dialética, "que subsume a positividade existente naquilo que está sendo negado". Os métodos ativos, dialéticos, deverão estimular a iniciativa dos alunos, porém sem abrir mão da perspectiva ativa do educador, favorecendo o diálogo com a cultura produzida historicamente. Isso significa levar em conta os interesses dos alunos e os seus ritmos de aprendizagem, sem, no entanto, perder de vista a necessidade de produzir uma sistematização lógica dos conhecimentos.

[*] Na verdade, um bom conceito é precisamente aquele que esclarece minha experiência, que me permite organizá-la, compreendê-la, dominá-la, e não aquele que me impõe de fora renunciar a ela ou que complica artificialmente meus problemas. Um "bom conceito" não se substitui a um saber anterior, mesmo que desordene minhas representações: dá forma a minha experiência, torna a realidade mais assimilável e permite agir sobre ela. "Um 'bom conceito' nunca aparece como 'uma coisa a mais' que pesaria no meu pensamento e que se acrescentaria aos meus sistemas de representação: ao contrário, ele me 'alivia', me liberta do inextricável e parece me remeter, quando o descubro, a uma anterioridade radical. O complexo substitui-se ao complicado e ilumina-me... na dupla acepção da palavra, que diz muito sobre a vitalidade de Sócrates: o rigor e a luz. Então, o professor não é senão aquele que ilumina... que ilumina o que já existe" (MEIRIEU, 1998, p. 27).

3.2 A pedagogia dialética do ensino com pesquisa

Cumpre tecer, em caráter inicial, as relações e os fundamentos (pressupostos ontológicos, epistemológicos e praxiológicos) que embasam a necessidade de pensarmos na pesquisa como princípio educativo numa concepção dialética, ou seja, como meta e caminho da educação superior e da própria estruturação da vida em sociedade. Para tanto, é necessário estabelecer as ligações entre educação e sociedade, restabelecendo a dignidade da concepção dialética do conhecimento com seu valor histórico na compreensão dos condicionantes implicados no fenômeno educacional e constitutivo da humanidade e da sociedade. Nesse prisma, a pesquisa inserida no contexto da educação superior, enquanto meta e finalidade desta, adquire os contornos de um processo individual e social que ocorre no tempo histórico. O fenômeno educativo passa a ser entendido, então, como um processo em que os homens, ao viverem numa determinada sociedade, educam-se e constroem seus modos particulares de ser (pensar e agir) através de práticas culturais, históricas e sociais mais amplas. O fenômeno educativo, assim entendido no tempo, é um fato existencial, social e cultural, uma vez que representa a própria história individual de cada sujeito, acontecendo de forma integrada à história cultural e social de sua comunidade. A educação não é **apenas** um fato social, como pensara a educação tradicional (escolástica) e autoritária (da sociedade sobre os sujeitos), tampouco **apenas** um fato individual, como pensara a educação moderna (escolanovismo) e liberal (dos sujeitos sobre a sociedade), mas é, numa concepção dialética, um fato total/concreto/processual (existencial e cultural), que se dá simultaneamente e de forma integrada (dos sujeitos no movimento e tempo histórico da sociedade).

A educação, assim concebida, é um **fato existencial** porque se refere ao modo como – por si mesmo e pelas ações exteriores que sofre – o homem **se faz ser homem**. Pinto (2000, p. 30) diz que "a educação configura o homem em toda a sua realidade. É o processo constitutivo do ser humano". É através da educação que os homens se tornam homens. Nesse âmbito, a educação, além de um fato existencial/individual é também um **fato social** porque se refere à sociedade como um todo. "É determinada pelos interesses que move a integrar todos os seus membros à forma social vigente (relações econômicas, instituições, usos, ciências, atividades etc.)", completa Pinto (2000). Assim, a educação, como fato social, torna-se o procedimento pelo qual a sociedade se reproduz e se refaz a si mesma ao longo de sua duração temporal. A educação é também um fenômeno cultural porque os conhecimentos (experiências, usos, crenças, valores) e métodos implicados na construção dos indivíduos provêm do fundo cultural da comunidade e dependem do grau de desenvolvimento social desta. Nesse contexto, o conhecimento construído através da pesquisa cumpre um papel fundamental, uma vez que os conhecimentos são intermediários de processos sociais, políticos e culturais ampliados, de formação tanto dos indivíduos quanto das próprias instituições que compõem a sociedade.

Segundo Castoriadis (1992, p. 161),

> *Os indivíduos tornam-se o que são ao absorver e interiorizar as instituições; num sentido, eles são a encarnação principal dessas instituições. Sabemos que essa interiorização é apenas superficial: os modos da mente e da ação, as normas e os valores, e, finalmente, a própria identidade do indivíduo como ser social dependem dela. [...] Agora podemos formular a solução do nosso enigma, que é ao mesmo tempo o objeto primeiro de uma política da autonomia, a saber democrática: ajudar a coletividade a criar instituições cuja interiorização pelos indivíduos não limita, mas amplia a sua capacidade de se tornarem autônomos.*

Assim, percebe-se que os indivíduos/sujeitos não existem isolados das formas instituídas na cultura, uma vez que eles são "encarnações" dessas próprias instituições. O processo de pensar a formação cultural dos indivíduos, ou de constituir uma pedagogia do ensino e da aprendizagem, remete, portanto, ao problema das próprias instituições culturais existentes na pólis; uma vez que elas são não apenas potencializadoras, mas, fundamentalmente, constitutivas das normas, valores, paradigmas e modelos mentais e de ação que circunscrevem a identidade dos seres sociais. Aspecto indicador de que, para articularmos outras formas de educação e, consequentemente, a formação cultural dos indivíduos, temos de fazê-lo repensando e transformando as diversas instituições sociais existentes na pólis, no sentido de que elas possam contribuir politicamente para outras formas e possibilidades de ser (ética, afetiva, estética, científica e econômica). O fenômeno educacional, como se vê, não se restringe meramente a uma função reprodutora do instituído, ou seja, de formatação e adaptação dos sujeitos a um mundo social existente. Ele se prolonga para a tentativa de construir sujeitos autônomos que, ao incorporarem as instituições sociais existentes, serão capazes de recriá-las.

3.2.1 A relação dialética entre educação e sociedade

Nesse âmbito, cabe aprofundar por que educação e sociedade precisam ser concebidas juntas no fenômeno educacional e em que sentido os educadores devem estar atentos à importância de buscar nos processos de construção do conhecimento a autonomia do educando. Destaca-se aí a importância de esclarecer os vínculos e relações entre o projeto da democracia, num âmbito social, e o da cidadania, num âmbito individual; cumprindo resgatar e compreender, ainda, o papel mediador da educação, com sua perspectiva teleológica e seus condicionantes históricos e sociais. O papel social e histórico da educação, numa concepção dialética (que aceita e compreende a contradição do real) da pesquisa, do ensino e da extensão, precisa se pautar pela máxima de que não há **educação sem conteúdo** a ensinar, tampouco sem **alunos desejantes** que tenham projeto de vida e **querem aprender**. Assim, escapa-se do reducionismo e da concepção ingênua em educação de que tudo se resolve pelo aprender (educação tradicional) e pelo ensino centrado no professor, ou que tudo se resolve pelo aprender a aprender (escolanovismo) e pela pesquisa centrada no aluno. Há de se acrescentar o caráter histórico e social incluído nesse aspecto (concepção crítica de educação), que delineia a real situação de todo ato particular de educação, que inclui o professor, o aluno, o conhecimento e o método numa constante interação dialética, material e histórica (Freire, 2000).

O esclarecimento desses conceitos fundamentais torna-se "condição de possibilidade" para a condução e orientação dos processos de ensino na educação superior, bem como para a construção do conhecimento através da pesquisa, uma vez que não se separam os momentos educacionais do ensino, da pesquisa e da extensão dos momentos sociais e históricos ampliados. Os professores como "orientadores" não abandonam o ensino, os conteúdos, tampouco os concebem unicamente como formas lineares e acabadas a serem transmitidas em pacotes. Valendo-se da pesquisa como princípio educativo, os educadores produzem/reproduzem/reconstroem, juntamente com os alunos, os conceitos fragmentários do cotidiano vivido através dos "conteúdos históricos", e das "categorias teóricas", indispensáveis ao agir crítico e à cidadania responsável. Assim, a lógica da pesquisa integrada ao ensino é entendida como processo educacional marcado por uma teleologia, uma finalidade social e histórica, da qual participam os educadores como mediadores e articuladores críticos.

Para Pinto (2000, p. 32),

> A educação é uma atividade teleológica. A formação do indivíduo sempre visa a um fim. Está sempre "dirigida para". No sentido geral esse fim é a conversão do educando em membro útil da comunidade. No sentido restrito, formal, escolar, é a preparação de diferentes tipos de indivíduos para executar as tarefas específicas da vida comunitária (daí a divisão da instrução em graus, em carreiras etc.). O que determina os fins da educação são os interesses do grupo que detêm o comando social.

Na ideia grega e ocidental de democracia, não há separação – ou não deve haver – entre ética e política, ou entre educação e sociedade. Ambas estão interconectadas, ou melhor, ligadas de tal forma que mudanças numa dimensão implicam em transformações na outra. Dessa forma, a filosofia, ou a necessidade de pensar os pressupostos das práticas humanas, surge concomitantemente à própria ideia de pólis, instaurando uma nova condição para as possibilidades de convivência humana e de reconstrução de suas instituições. Logo, a política (**o ser**) surge interligada à ética (**o dever ser**) – o **instituinte e o instituído** no imaginário social. No âmbito educacional, a filosofia, ou a necessidade de pensar os pressupostos e finalidades da prática educacional, está interligada às necessidades produtivas, políticas e culturais esperadas socialmente. Não apenas as necessidades atuais, de conservação da sociedade, mas também as de transformação. Em suma, há uma finalidade esperada socialmente que só pode ocorrer através da mediação realizada pelas práticas educativas, uma vez que estas agem sobre os indivíduos/sujeitos, permitindo que eles interiorizem e absorvam as instituições culturais existentes, legitimando e encarnando, em âmbito individual, o projeto sócio-histórico.

Então, constata-se que política, educação, filosofia e ética são instituições humanas postas e "legitimadas de forma interligada" pelo mundo ocidental como condição de possibilidade para a existência humana no planeta; por isso, são históricas e referem-se a dinâmicas culturais as quais possuem políticas de significado que orientam para a imprescindibilidade da autonomia humana no contexto da vida social democrática. Ou seja, a noção de sociedade democrática só tem sentido quando há instituições que possibilitem a realização da autonomia no plano individual. Isso significa que o empreendimento social não acontece sem o empreendimento individual e vice-versa. Há uma relação dialética entre o indivíduo (autonomia), sua (auto)educação e a sociedade (democracia). O conhecimento, portanto, é sempre individual, porque emana de um sujeito que (auto)educa-se e, ao mesmo tempo, social, porque emana das relações sociais das quais esse sujeito participa, e que o educam. Os sujeitos constroem o mundo ao mesmo tempo em que o mundo os constrói.

Castoriadis (1992, p. 123) afirma que

> *Aliás, mesmo aqui cumpre ficar atento. Quase não teríamos progredido (como creem alguns) dizendo: a sociedade faz os indivíduos que fazem a sociedade. A sociedade é obra do imaginário instituinte. Os indivíduos são feitos, ao mesmo tempo em que eles se refazem, pela sociedade cada vez instituída: num sentido, eles são a sociedade. Os dois polos irredutíveis são o imaginário radical instituinte – o campo de criação social – histórico – de um lado, e a psique singular de outro lado. A partir da psique, a sociedade instituída faz a cada vez indivíduos – que, como tais, não podem fazer mais nada a não ser a sociedade que os faz.*

Ora, sabemos que a educação, ou melhor, o empreendimento educativo e instrucional, participa da construção da autonomia humana constituindo a própria humanidade, ou o que chamamos *humanidade*. Para Castoriadis (1992, p. 156), "o objetivo da pedagogia [...] é ajudar o recém-nascido, esse *hopeful* e *dreadful monster*, a tornar-se um humano".

Lembrando Kant (1985), "os homens só se tornam homens pela educação". O homem, esclarece o filósofo, "é a única criatura que precisa ser educada", ocupando a condição de infante, educando e discípulo. "Por educação entende-se o cuidado de sua infância (a conservação, o trato), a disciplina e a instrução com a formação" (Kant, 1985).

Na leitura de Kant (1985), "o homem não pode se tornar um verdadeiro homem senão pela educação. Ele é aquilo que a educação dele faz. Note-se que ele só pode receber tal educação de outros homens, os quais a receberam igualmente de outros. Portanto, a falta de disciplina e de instrução em certos homens os torna mestres muito ruins de seus educandos".

A partir de Kant, percebe-se que o homem é um ser ajudado por outros homens a tornar-se um humano. Nessa lógica, a ideia de "humano" transcende a dimensão biológica, para instaurar-se no âmbito das práticas culturais e educacionais; ou seja, subentende-se, na concepção kantiana de educação, que não há "humanidade" fora da cultura, da linguagem, do mundo, ou da própria ideia compartilhada acerca do que seria ser um "humano" e do que seria um "mundo humano". Não há ninguém que, tendo sido abandonado durante a juventude, seja capaz de reconhecer, na sua idade madura, em que aspecto foi descuidado, se na disciplina ou na cultura (pois assim pode ser chamada a instrução). Quem não tem cultura de nenhuma espécie é um bruto; quem não tem disciplina ou educação é um selvagem (Kant, 1985, p. 16). Assim, os limites e potenciais da "humanidade" encontram-se na própria "humanidade", devendo esta ser construída, concebida, pensada, raciocinada e feita pela própria humanidade. Nesse sentido, citando Castoriadis (1992), "o fim da Paideia é ajudar esse feixe de pulsões e de imaginação a tornar-se um *anthropos*, no sentido mais acima de um ser autônomo". Não esquecendo, para tal feito, que a educação, enquanto fenômeno linguístico e comunicacional, por natureza, decorre dos processos culturais e interativos humanos, os quais envolvem, fundamentalmente, o descentramento

do ser e "a interiorização da totalidade das instituições humanas".
Para Castoriadis (1992, p. 153),

> Do ponto de vista psicanalítico, tal ser renunciou à onipotência, aceitou que as palavras não significam o que queria que significassem, reconheceu a existência de outros seres humanos cujos desejos, na maior parte do tempo, se opõem aos seus, e assim por diante. Do ponto de vista social – histórico, interiorizou, virtualmente, a totalidade da instituição dada da sociedade e, mais especificamente, as significações imaginárias que organizam, em cada sociedade particular, o mundo humano e não humano, e lhe dão um sentido.

Castoriadis, como se percebe, aprofunda, através da psicanálise, uma ideia kantiana de educação, que envolve e engloba a "totalidade social do mundo humano". O conceito de imaginário social instituído representa a força e a imprescindibilidade da "cultura" (normas, valores, paradigmas, conceitos) e da "disciplina" envolvidas na complexa tarefa da formação da autonomia humana. Castoriadis não vê isto – a intersubjetividade social – como negativo ou como repressão da liberdade do sujeito, como compreenderam outros ao interpretarem Freud. Ele observa, na sua leitura de Freud, que ocorre justamente o contrário, ou seja, que é só através dessa interiorização (a qual forma o superego do sujeito) do "princípio da realidade" existente nas diversas instituições humanas, que ele – o sujeito/indivíduo – pode ser livre e participante, de certa forma, do mundo coletivo dos humanos. Em suma, tanto para Castoriadis como para Kant não há liberdade ou autonomia sem conhecimento (regras, valores, normas, condutas) ou instituições que as possibilitem. Não há sociedade democrática sem indivíduos autônomos e não há indivíduos autônomos fora de uma sociedade democrática. Não há educação sem conteúdos, sem matéria e saberes a serem ensinados.

Castoriadis, por outro lado, salientando a complexidade da educação, não nega o princípio do prazer – a psique individual, envolvida nas questões formativas do humano. Ao destacar que "não há autonomia e sociedade sem a participação do sujeito" (Castoriadis, 1992), o autor prolonga para a esfera singular, para o âmbito do projeto singular do imaginário instituinte, a possibilidade de instauração ou transformação do imaginário social instituído. Assim, acaba por vincular a noção de "maioridade" (*sapere aude*) kantiana, à dimensão do "imaginário radical do sujeito" – autonomia singular desejante. Assim, o autor complementa e aprofunda a dimensão kantiana do sujeito "racional", "universal", "abstrato", mostrando, no fundo, um sujeito oculto que é "desejante", "estético", "único". Dessa forma, não há educação sem um sujeito que a deseje, sem um projeto que possibilite a (auto)educação, ou a capacidade do sujeito aprender a aprender, ou a gostar de aprender, ou mesmo a inventar desejos e conceitos que o possibilitem continuar aprendendo.

3.2.2 A relação dialética entre educador e educando

Nesse contexto, pensando na relação dialética entre mestre e discípulo, educador e educando, ensino e aprendizagem, e na condição intersubjetiva estabelecida, percebe-se que há uma relação de reciprocidade entre estes. Esta, em última instância, possui um fundo linguístico, político e filosófico, instaurado na busca pelo significado e reconstrução do sentido e do mundo. Essa condição expressa um pouco a natureza dos processos educativos e constituintes do humano. Mas há um fundo mais basilar nessa relação, que é a própria necessidade do sujeito aprendente (discípulo) desenvolver-se, ou seja, de ser sujeito de sua própria educação, ao mesmo tempo em que o ensinante (mestre) o educa. Para tanto, "a pedagogia deve, a todo instante, desenvolver a atividade própria do sujeito, utilizando, por assim dizer, essa mesma atividade própria" (1992, p. 156). Castoriadis ainda acrescenta que

> *O objeto da pedagogia não é ensinar matérias específicas, mas desenvolver a capacidade de aprender do sujeito – aprender a aprender, aprender a descobrir, aprender a inventar. Isso, evidentemente, a pedagogia não pode fazer sem ensinar certas matérias – tampouco a análise pode progredir sem as interpretações do analista. Mas, assim como essas interpretações, as matérias ensinadas devem ser consideradas como degraus ou pontos de apoio servindo não só para tornar possível o ensino de uma quantidade crescente de matérias, mas para desenvolver as capacidades da criança aprender, descobrir e inventar. A pedagogia deve necessariamente também ensinar – desse ponto de vista devemos condenar os exageros de vários pedagogos modernos.* (1992, p. 156)

O que está sendo posto em cheque no momento em que se prioriza a pesquisa como princípio educativo – ou o aprender a aprender, aprender a descobrir –, é a relação entre o ensino e a aprendizagem. A assunção da pesquisa como princípio educativo rompe com a visão dicotômica do processo de ensino-aprendizagem. Rompe com a visão parcelar, característica da lógica identitária (formal), que centra o processo de ensino ou no professor ou no educando. Considera o momento educacional como um momento dialético, em que educadores e educandos, juntos, buscam pesquisar e compreender os elementos pelos quais foram desafiados. Os conhecimentos a serem construídos não dependem apenas do papel do professor, destaque da teoria tradicional do ensino (pedagogia exógena), tampouco da postura ativa do educando (pedagogia endógena), destaque do escolanovismo. Dependem, isso sim, da qualidade formal em que educadores e educandos, juntos, busquem apropriar-se das "ferramentas historicamente construídas" pela humanidade para refazerem e reinventarem um mundo comum (pedagogia da práxis – complexa – dialética) (Gadotti, 1995).

Segundo Meirieu (1998, p. 34),

> Sócrates assiste o indivíduo ao dar a luz a seus conhecimentos, mas afirma sua inocência quanto à origem dos mesmos; ajuda-os a vir ao mundo, mas certamente não foi ele quem engravidou o sujeito... O mesmo ocorre sem dúvida com o professor que procura ensinar: é importante que ele seja movido por este sentimento de despojamento, que faz com que recuse incansavelmente a posição de genitor: convém que, em muitos sentidos, ele se diga apenas iluminador e suponha que se as coisas nascem através dele, não nascem dele. Convém que, tentando ensinar, faça descobrir e que assim perca a força da transmissão. Na verdade, a transmissão – se considerarmos sua definição mecânica – quase não dá aos parceiros a possibilidade de investir ou tirar sua energia de outro lugar, de existir paralelamente, por si mesmos e para alguém mais. Uma aprendizagem vivida como uma simples transmissão, que atribuísse ao professor a paternidade mesmo indireta dos conhecimentos do aluno, aniquilaria o aluno e, ao mesmo tempo, o professor: o primeiro se apagaria, o segundo desmoronaria com uma responsabilidade ilimitada. Em compensação, se o professor vê o seu poder limitado ao de uma acompanhante, sem dúvida a aprendizagem, se não for mais eficaz, será menos patogênica.

Nesse sentido, uma pedagogia complexa e dialética que incorpora e destaca que na relação formativa, composta por educadores, educandos, métodos e conhecimentos, não há centro, mas sim polos em permanente tensão, acaba por reconstruir e redefinir o papel do conhecimento e da pesquisa na constituição dos sujeitos aprendentes e da transformação da realidade (Freire, 2000). A pedagogia complexa pretende incorporar e ultrapassar a concepção de que há uma centralidade no processo educativo e de que ela possa estar ou no professor (tradicional), ou no aluno (escolanovista), ou no conteúdo (tecnicismo).

fundamentais da sociedade. Em um sentido ampliado, a lógica da pesquisa como princípio educativo persegue o ideal da cidadania.
Segundo Marques (2002, p. 108),

> Em especial, trata-se, na sala de aula, de realizar a tradução dos conceitos reconhecidos no estado atual do desenvolvimento das ciências para o nível das práticas sociais contextualizadas e conjunturais, nível, aliás, que se firma no solo em que os saberes e respectivas relações de reciprocidade se produzem no jogo das forças intersubjetivas e objetivadas pela ação humana.

A educação que objetiva formar pesquisadores, não o faz apenas por necessidades de aperfeiçoamento científico e técnico-produtivo da sociedade, embora isso seja fundamental, mas o faz por necessidade ética, política e cultural. Isso significa não dissociar o conhecimento científico da sua utilização social. Significa também não reduzir a esfera epistêmica unicamente à dimensão técnico-científica. A condição de viver em sociedade e participar ativamente de sua construção passa por essa capacidade de avaliar os usos, os impactos, as consequências, dos produtos científicos e tecnológicos na vida social. Os sujeitos da "sociedade tecnológica", para não se tornarem seus reféns, podem lançar mão de suas capacidades de pesquisa não apenas para construir objetos e ferramentas que aumentem a produtividade e a eficiência do sistema em curso, mas também para participarem dos sentidos e finalidades de seus objetos nesse sistema, ou mesmo romper com ele. Esse é o sentido ético, político e cultural da formação pela pesquisa – não reduzir o ato educativo à esfera instrumental, passiva, domesticadora.

Alargar a esfera da compreensão do que denominamos **conhecimento** constitui tarefa basilar para assumirmos a pesquisa como "ferramenta" e "objetivo" educacional. Acreditar que o ato de pesquisar é um ato libertador em si é uma tamanha ingenuidade. Como vimos, podemos utilizar a pesquisa numa concepção de conhecimento exclusivamente técnica e disciplinar, colocando-a a serviço da ordem social vigente. Ou, por outro lado, podemos concebê-la a serviço de outras ordens possíveis, de outros mundos possíveis. Para tanto, há de se compreender e desenvolver uma concepção de conhecimento que contemple a radicalidade do que está envolvido no ato de viver em sociedade. Isso significa que não há, na prática do conhecer, neutralidade ou mesmo objetividade pura. Por isso, todo o conhecimento, para além de técnico e instrumental, é ético, estético, político e cultural.

Para Brandão (2003, p. 167),

> Há aqui um princípio ético, ecológico e político, mais do que apenas pedagógico. Ético porque se acredita que a razão de ser do aprender não é saber coisas úteis, mas compreender gestos de valor humano. Ecológico, no mais original sentido da palavra, porque se acredita que aprender algo é integrar sentimentos e saberes orientados ao cuidar da casa, a começar pelo lar interior de cada um de nós, até todos os espaços – tempos da vida que compartimos na por agora única morada comum disponível à vida e à espécie humana. Política também no sentido mais original do termo, porque acredita que a experiência da cidadania antecede em cada pessoa o dever corresponsável de recriar e gerir a "polis" (sic) em que se vive, para, então, reconhecer-se como sujeito de direito na e através da comunidade que se comparte.

Todas as formas de conhecimento possuem suas dimensões técnicas e instrumentais, mas elas não são, poder-se-ia dizer, as únicas e mais importantes. A técnica constitui uma forma historicamente construída para alcançar uma meta desejada. Mas a técnica não é a meta desejada, ela é apenas a ferramenta que permite e possibilita a realização de determinada ação. Assim, toda a técnica, embora se pretenda pura e objetiva, está sempre imbuída de realizar um projeto que é, no fundo, permeado por valores, conceitos e significados que lhe orientam. Estes constituem os fundamentos que legitimam e validam socialmente o uso de determinada técnica. Os fundamentos de uma técnica nunca são neutros, antes, sempre exigem uma problematização do ponto de vista ético, político e cultural. Capacitar-se a compreender os fundamentos de uma determinada técnica ou de uma determinada esfera do conhecimento constitui--se tarefa das mais elevadas e necessárias à humanidade.

Conforme Severino (2002, p. 17):

> Mas há ainda uma questão mais profunda, embora de mais difícil apreensão, a se colocar com referência à educação universitária brasileira: diz respeito ao próprio significado desta educação no âmbito do projeto existencial que se deve dar à comunidade brasileira, na busca de seu destino e de sua civilização. Trata-se de um equacionamento propriamente filosófico, ou seja, trata-se de explicitar qual o sentido possível de existência do homem brasileiro como pessoa situada na sua comunidade de tais contornos e em tal momento histórico. O desafio mais radical que se impõe à educação brasileira é o questionamento do próprio significado do projeto civilizatório do Brasil. Afinal, este país vive uma crise total de civilização e todo esforço para a articulação de um projeto político e social para a população brasileira pressupõe a discussão de questões básicas relacionadas com a dignidade humana, com a liberdade, com a igualdade, com o valor da existência comunitária, com as perspectivas de um destino comum.

A pesquisa como princípio educativo cumpre, no ensino superior, a tarefa dupla de ser, ao mesmo tempo, técnica e instrumento didático para formar sujeitos e finalidade e ponto de chegada destes. Ela corresponde a um saber fazer e um saber conhecer que leva a um saber ser e conviver. A pesquisa é um caminho e um ponto de chegada. Ela engendra uma forma de ser diante do mundo, uma forma de concebê-lo, de se comportar frente ao seu movimento, e ao mesmo tempo, de ajudar a recriá-lo – a colocar e imprimir outros rumos a ele. Por isso, a pesquisa – como produto e processo da atividade humana – adquire contornos profundos e significativos no processo de transformação da realidade. Ela é uma metodologia, um processo, uma forma de caminhar, ao mesmo tempo em que se aprende a construir caminhos. Ela é um ponto de chegada, um produto, uma meta educacional, que objetiva formar sujeitos críticos, pesquisadores, que sonham e imaginam criativamente romper com os limites do conhecimento adquirido a serviço de outra sociedade possível.

Síntese

Neste capítulo argumentamos acerca da importância da pesquisa na educação superior, situando historicamente a sua relevância para os processos de formação humana. Destacamos os limites de uma visão ingênua que alimentava a pedagogia medieval (exógena), ao centrar tudo no método escolástico de ensino, tornando o aluno/indivíduo um mero receptáculo do conhecimento. Enfocamos também os aspectos revolucionários e limitantes da pedagogia moderna (endógena), ao centrar tudo no método escolanovista, tornando o aluno/indivíduo o centro de toda a construção do conhecimento. E, com isso, evidenciamos as contribuições dadas por esses dois grandes enfoques teóricos ao pensamento de uma pedagogia dialética/histórica/concreta do ensino e da aprendizagem. O ato da pesquisa como princípio educativo não se centra no professor, tampouco no aluno, pois a concepção dialética não polariza essa relação, ao contrário, mostra sua interdependência, sua reciprocidade contraditória e sua relação histórica. Não concebe o aluno como um ser individual, mas o assume em uma condição histórica, cultural e social. O docente sabe que representa a força da sociedade (externa) e que só com ela se estabelece a pressão e a orientação para formar o aluno (o indivíduo), através do ensino e dos conteúdos (**saber pensar**) e do desenvolvimento de habilidades e competências (**saber fazer**); no entanto, reconhece que esse processo não é mecânico e instrumental, mas que deve ser dialético e histórico. Isso significa reconhecer o aluno como sujeito de aprendizagem, sujeito em formação, com desejos próprios, que precisa construir, em conjunto com o professor (e a sociedade), um projeto de vida em que o professor, através da pesquisa como princípio educativo, atua como mediador. Assim, o ato de pesquisar desafia os docentes universitários a pensarem a necessidade de articular processos de ensino que compreendam e possibilitem aos educandos apropriarem-se não apenas dos produtos do conhecimento historicamente produzidos (conteúdos), mas também dos métodos e concepções teóricas que lhes possibilitem reconstruir as ferramentas históricas e conceituais que sustentam e fundamentam as competências e habilidades sociais, produtivas, éticas, políticas e culturais, indispensáveis ao exercício da profissão e da cidadania em nível individual e da democracia em nível social.

Indicações culturais

Filmes

ENCONTRANDO FORRESTER. Direção: Gus van Sant. Produção: Sean Connery, Lawrence Mark e Rhonda Tollefson. EUA: Columbia Pictures; Sony Pictures Entertainment, 2000. 135 min.

Um filme brilhante em que um aluno negro de escola pública descobre as magias, os caminhos e os encantos da pesquisa e da escrita. Mas o faz de forma sistemática e organizada, com a ajuda de um ex-escritor e professor que ele encontra por acaso.

MATRIX. Direção: Larry Wachowski; Andy Wachowski. Produção: Joel Silver. EUA: Warner Bros.; Village Roadshow Pictures, 1999. 139 min.

Um filme brilhante que evidencia a importância de que todo ser humano, para resistir aos processos de dominação contemporâneos e produzir alternativas em momentos de crise e de mudança social, precisa conhecer as regras da matrix (do sistema), ou da sociedade em que ele vive – isso se faz apropriando-se do conteúdo histórico – e, ao mesmo tempo, interpretar os enigmas dessa matrix – isso se faz investigando, pesquisando acerca de sua realidade.

Atividades de Autoavaliação

1. Assinale V (verdadeiro) ou F (falso) para as definições de termos relativos à pesquisa como princípio educativo na educação superior e indique a sequência correta:
   ( ) O processo de relação permanente entre o pensar e o agir na educação superior pode ser denominado pedagogia da práxis.
   ( ) O domínio categorial da teoria permite estruturar a representação do real e orientar o agir cidadão, mas não é tão relevante no campo profissional.
   ( ) A pesquisa como princípio educativo, na educação superior, consiste unicamente numa metodologia de ensino capaz de favorecer a aprendizagem.
   a) V, V, V
   b) V, V, F
   c) V, F, F
   d) F, F, V

2. Assinale V (verdadeiro) ou F (falso) para as afirmações a seguir sobre a formação acadêmica na educação superior:
   ( ) A formação acadêmica na educação superior possui uma responsabilidade simples, exclusiva e única: fornecer a todos um núcleo

rígido de conhecimentos essenciais, reorganizados em torno de noções-chave.

( ) As metas do ensino na educação superior, numa concepção dialética, são pautadas tanto na busca da construção das capacidades (dos conhecimentos indispensáveis), quanto das competências (ações que mobilizam os conhecimentos).

( ) O universo da ação racional e consciente só pode emergir a partir de uma profunda cultura científica, a qual ajude a evidenciar os pontos centrais de toda intervenção profissional, permitindo aos seus estudantes analisarem cada realidade e formularem seus problemas principais.

a) F, V, V
b) V, V, F
c) V, F, F
d) F, V, F

3. Assinale V (verdadeiro) ou F (falso) para as afirmações a seguir sobre as pedagogias endógenas e exógenas na educação:

( ) Nas pedagogias endógenas o professor se apresenta como porta voz de uma cultura social que precisa ser aprendida e da qual é o agente capaz de "transmitir e formar" os sujeitos aprendizes.

( ) Nas pedagogias exógenas, o educando se apresenta como o sujeito capaz de construir cultura conforme as suas potencialidades e desejos. Os educandos agora se assemelham a "sementes que trazem consigo todas as potencialidades da flor".

( ) Nas pedagogias endógenas os educandos aparecem no processo como "pesquisadores" de uma verdade a ser descoberta, já nas pedagogias exógenas os educandos aparecem como "receptáculos" de conhecimentos e de verdades prontas.

a) F, V, V
b) V, V, F
c) V, V, V
d) F, F, V

4. Assinale V (verdadeiro) ou F (falso) para as afirmações a seguir sobre a concepção dialética do conhecimento na pesquisa e na educação:
   ( ) A concepção dialética do conhecimento compreende a educação como um movimento articulado em que a sociedade age sobre os sujeitos, ao mesmo tempo em que eles conservam ou transformam a sociedade.
   ( ) A concepção dialética do conhecimento confere sua centralidade exclusivamente na atividade da sociedade sobre os sujeitos, concebendo os sujeitos como seres determinados e formatados historicamente.
   ( ) A concepção dialética concebe que o papel da educação é o de realizar, em escala individual, o que a sociedade conseguiu produzir até aquele momento histórico em escala coletiva (em nível técnico, científico, filosófico, político, ético e artístico). Mas, para isso, pressupõe a atividade dos sujeitos no processo de apreensão e reconstrução desses elementos.
   a) F, V, V
   b) V, V, F
   c) V, F, V
   d) F, V, F

5. Assinale V (verdadeiro) ou F (falso) para as afirmações a seguir sobre a construção do sujeito aprendente numa concepção dialética:
   ( ) O fenômeno educacional se restringe a uma função reprodutora do instituído, ou seja, de formatação e adaptação dos sujeitos a um mundo existente.

( ) O papel social e histórico da educação, numa concepção dialética, precisa se pautar pela máxima de que "não há educação sem conteúdo a ensinar", tampouco "sem alunos desejantes que tenham projeto de vida e queiram aprender".

( ) O papel social e histórico da educação, numa concepção dialética da pesquisa, do ensino e da extensão, precisa se pautar pela máxima de que "não há educação sem conteúdo a ensinar", e de que "o ensino dos conteúdos basta para garantir a emancipação dos sujeitos aprendentes".

a) F, V, V
b) V, V, F
c) V, V, V
d) F, V, F

Atividades de Aprendizagem

Questões para Reflexão

1. Quais os limites de conceber o ensino apenas enquanto forma de "transmissão de conteúdos"?

2. Reflita sobre algumas possibilidades de articular os processos de construção de conhecimento na educação superior, valorizando os interesses de pesquisa dos educandos e as necessidades sociais e culturais ampliadas.

Atividade Aplicada: Prática

1. Leia o excerto a seguir e produza um texto dissertativo, destacando os significados principais que apontam para a necessidade de incorporar a prática do ensino com pesquisa na universidade. Em seguida, construa um instrumento de pesquisa (com questões abertas) e entreviste

um professor universitário, investigando como ele articula a prática da pesquisa no âmbito da formação profissional. Após a entrevista, analise a relação entre a necessidade da pesquisa apontada pela literatura e a perspectiva incorporada pelo professor em sua prática pedagógica na educação superior.

Universidade, aprendizagem e avaliação

Não vou fazer texto técnico sobre avaliação da aprendizagem na universidade, mas debater seu atraso crônico, para, a partir daí, ensaiar algumas contrapropostas. Quero sugerir que se aprende muito pouco, quase nada, na universidade, em particular em instituições que só oferecem aulas. Impera o mais atrasado instrucionismo, a reboque de didáticas medievais de mera "reprodução" de conhecimentos, ignorando a própria pesquisa que nela se faz. Universidade continua sendo, no fundo e na prática, supermercado ordinário de aulas, na verdade supermercado de um produto só e péssimo. Neste sentido, não há diferença maior entre sistema didático da educação básica e a universidade: o espírito é o mesmo – dar e escutar aula. [...] A universidade sempre teve em mãos as propostas mais altissonantes e por vezes brilhantes de renovação da sociedade e do mundo, menos para ela mesma. Ao contrário, resiste bravamente a qualquer mudança, como se pudesse mudar sem mudar. É neste sentido, instituição das mais farisaicas, mais que família, religião, Estado e mercado. Os diplomas aí obtidos serviriam mais propriamente para trabalhar na Idade Média, época, ao que consta, já passou há muito tempo. Grande parte dos professores não vai além de entupir os alunos de matéria curricular, da maneira mais reprodutivista imaginável, a peso de memorização forçada e controlada futilmente na prova. A universidade, que deveria ser a entidade do saber pensar por excelência, acha que sua excelência está nas aulas. Por vezes, os professores são bem formados, formalmente falando, não só porque produzem conhecimento de maneira convincente e sistemática. Mas, entrando na sala de aula, só dão aula. Entendem-se como "transmissores" de conhecimento, negando aí tudo que fazem na prática: reconstruir conhecimento.

Fonte: DEMO, 2004.

Capítulo 4

Neste capítulo veremos que as mudanças sociais contemporâneas, impactadas pelas novas tecnologias e pelas dinâmicas de reprodução do capital, exigem dos educadores uma perspectiva diferenciada em relação ao conhecimento.

As mudanças sociais contemporâneas e a questão da formação profissional

O excesso de informações que constitui a realidade da sociedade globalizada, conjuntamente com novas percepções do espaço-tempo, compõe um cenário diferenciado, em que tudo muda muito rapidamente e uma grande confusão e sentimento de mal-estar rondam os diversos lugares-mundo. A pesquisa como princípio educativo surgiria, nesse contexto:

    a. como uma necessidade e uma possibilidade histórica de desenvolver, em nível universitário, formas de romper com as informações fragmentárias e descontextualizadas que se instalam no cotidiano;

b. como forma de superar a "hiperespecialização" no seio da formação acadêmica, em detrimento da "formação geral".

A pesquisa originar-se-ia da necessidade de "religação dos saberes", a qual se torna possível através de uma nova postura dos professores e educandos. A "religação dos saberes" através da pesquisa surge, então, no contexto da condição pós-moderna, como a tese/finalidade/processo que aproxima os elementos dos "saberes práticos" dos educadores das necessidades de "reconstrução da cultura" de forma menos reducionista e mutiladora.

4.1 As mudanças sociais contemporâneas

A condição humana na contemporaneidade, mais precisamente nos últimos 20 anos do século passado, tem se alterado profundamente. As novas condições tecnológicas e produtivas, decorrentes dos avanços das ciências e das metamorfoses do capitalismo, têm possibilitado encurtar as distâncias espaçotemporais, possibilitando um nível crescente de interligação entre os vários lugares do planeta. O geógrafo David Harvey, em sua obra *A condição pós-moderna* (1992), explicando o processo de reestruturação produtiva do capital e as transformações nas condições técnicas e sociais, caracteriza essa condição afirmando que estamos vivendo uma nova experiência do espaço e do tempo. Uma das características centrais nesse processo, segundo ele, é a sensação de velocidade e de "compressão do espaço e do tempo". Com essa grande mudança na história, esclarece Milton Santos (2000, p. 28), "tornamo-nos capazes, seja onde for, de ter conhecimento do que é o acontecer do outro". Nunca houve antes, interpreta Santos, "essa possibilidade oferecida pela técnica à nossa geração de ter em mãos o conhecimento instantâneo do acontecer do outro". Mas a informação instantânea e globalizada "por enquanto não é generalizada e veraz porque atualmente é intermediada pelas grandes empresas da informação" (2000, p. 28).

Na interpretação de Capra (2002, p. 141), "na última década do século XX, cresceu um sentimento de que um novo mundo estava surgindo – um mundo moldado pelas novas tecnologias, pelas novas estruturas sociais, por uma nova economia e uma nova cultura". A integração de todas as formas de expressão cultural num único hipertexto eletrônico, segundo ele, ainda não se realizou, mas os efeitos dessa perspectiva sobre as nossas percepções já se fazem sentir no conteúdo atual dos programas de televisão aberta e a cabo e nos *sites* da *web* a ele associados. Ainda segundo Capra (2002, p. 166), "como explicam os estudiosos da cognição, os seres humanos existem num contexto de linguagem. À medida que tecemos continuamente uma teia linguística, nós coordenamos nossos comportamentos e juntos criamos nosso mundo". A nova base material do capitalismo criou possibilidades comunicacionais nunca vistas na história da humanidade. É impossível pensar na ontogênese do ser social contemporâneo sem destacar essa dimensão linguística e comunicacional, ampliada com o advento da comunicação de massa.

Nesse contexto, Baudrillard (1991, p. 103) afirma que "estamos num universo em que existe cada vez mais informação e menos sentido". Dessa forma, o excesso de informação, na nova fase do capital, configura-se como uma dinâmica histórico-cultural distinta que acaba por modificar as formas de interpretar e agir no mundo. Na fase sólida do capitalismo e da sociedade industrial havia escassez de informações e menos mobilidade social. O ritmo da produção e do consumo era ditado pela "produção" e fabricação de produtos em larga escala para o consumo em massa. A informação, as imagens e a propaganda não possuíam um aspecto tão relevante na determinação e organização da produção e do consumo (reprodução sociometabólica do capital). Na fase líquida do capitalismo e da sociedade (pós)-industrial, bastante centrada na economia de serviços e no consumo de mercadorias, há excesso de informações e muita mobilidade social. O ritmo da produção e do consumo passa a ser ditado pelo "consumo" e pela fabricação de produtos em pequena escala, para o consumo individualizado. A informação, as imagens e a propaganda assumem um lugar de destaque na nova forma econômica do capitalismo.

Milton Santos (2002, p. 17), ao afirmar que "vivemos num mundo confuso e confusamente percebido", explicita um pouco o paradoxo do excesso de informação característico de nosso tempo. Ao mesmo tempo em que temos todas as condições para interpretar de forma diferente o mundo, uma vez que dispomos como nunca de acesso a diferentes fontes informativas, as informações/imagens difundidas são fragmentadas e caóticas, deixando-nos ainda mais confusos, fazendo-nos perder o "sentido da realidade". As informações – que constituem e passam a ocupar e colonizar o mundo vivido de forma global, criando uma esfera comunicacional ampliada – parecem possuir, de forma intrínseca, uma dinâmica de integração e de esclarecimento. No entanto, as informações que circulam são desconexas, contraditórias e caóticas, carregando os múltiplos apelos e interesses da sociedade tecnológica e do sistema econômico aos mais distintos lugares. Parecem unificar os lugares-mundo, criando uma única comunidade humana na qual todos passam a ter acesso ao conhecimento. Essa nova forma de vida cria um mundo-fábula em que a informação parece coincidir com o conhecimento. Muitos têm rotulado de "sociedade do conhecimento" essa nova sociedade, o que parece altamente contraditório.

Morin (2001, p. 98) nos adverte das relações entre conhecimento e informação. Mostra-nos, sobretudo, o caráter ambíguo dessas relações. Interroga-se, citando o poeta Eliot, acerca de "que conhecimento perdemos na informação e que sabedoria perdemos no conhecimento?". Com isso, aponta-nos que conhecer comporta informação, ou seja, possibilidades de responder a incertezas, mas que o conhecimento não se reduz a informações. O conhecimento, segundo ele, está para além da informação, uma vez que ele precisa de estruturas teóricas para dar sentido às informações. O excesso de informação e a falta de categorias teóricas e de estruturas mentais suficientes, ao invés de esclarecer, "mergulha" todo cidadão e profissional numa "nuvem de desconhecimento", o que acontece frequentemente, por exemplo, quando escutamos rádio ou assistimos à televisão.

Esse novo contexto sociocultural modifica, na interpretação de vários autores – dentre eles Sacristán e Gómes (1998), Antônio (2002), Marques (2003), Libâneo (2001) e Morin (2001) –, a função da escola/universidade e o papel dos educadores. A tradicional tarefa de "transmissão de conteúdos" prontos e acabados agora se configura numa perspectiva de "reconstrução cultural", por meio dos processos de significação e "construção do(s) sentido(s)". Uma formação geral, que auxilie os educadores a entenderem os elementos específicos de sua prática no mundo atual, parece uma condição necessária à constituição de processos formativos de maior significado para os educandos em formação universitária. Marques (2001b, p. 25-108) afirma que

> *Em especial, trata-se, na sala de aula, de realizar a tradução dos conceitos reconhecidos no estado atual do desenvolvimento das ciências para o nível das práticas sociais contextualizadas e conjunturais, nível, aliás, que se firma no solo em que os saberes e respectivas relações de reciprocidade se produzem no jogo das forças intersubjetivas e objetivadas pela ação humana.*

Na leitura de Libâneo (2001), as transformações políticas e socioculturais que estamos vivendo estão associadas ao novo paradigma produtivo. Esse novo paradigma produtivo, segundo ele, acompanha o processo de internacionalização da economia, provocando modificações no processo de produção, no perfil dos trabalhadores, nas relações de trabalho e nos hábitos de consumo. Libâneo (2001, p. 19) esclarece que "uma nova economia da educação, em boa parte sustentada na inovação tecnológica e na difusão da informação, estaria supondo bases mínimas de escolarização que o capital necessitaria para fazer frente a novas necessidades de qualificação e requalificação profissional". Isso implicaria, por sua vez, uma modificação das funções básicas da educação, refletindo na acentuação da formação geral dos trabalhadores, principalmente em termos de desenvolvimento de habilidades cognitivas (flexibilidades de raciocínio, resolução de problemas, tomada de decisões etc.).

Libâneo (2001, p. 16) ainda explica que o "chamado modelo neoliberal de educação estaria subordinando alvos político-sociais (equidade, cidadania, democracia) a intentos estritamente econômicos (desenvolvimento tecnológico, competitividade internacional), ou seja, à lógica do mercado".

Ou então, de acordo com o pensamento de Frigotto e Sacristán, citados por Libâneo (2001, p. 21),

> *A transformação geral da sociedade repercute, sim, na educação, nas escolas, no trabalho dos professores. Embora seja verdade que tal repercussão tem se caracterizado pela subordinação da educação à economia e ao mercado com pouca ou nenhuma preocupação com a desigualdade e o destino social das pessoas, não se pode deixar de investir numa proposta de escola democrática que contemple conhecimentos, habilidades e valores necessários para a sobrevivência no mundo complexo de hoje.*

A nova economia da educação, amparada no modelo neoliberal e nas novas formas de gerir e organizar o trabalho, incorpora as demandas da inovação, da eficiência e da perfectibilidade na perspectiva da competitividade. A base econômica, de cunho mais flexível, coloca exigências de ordem racional e operativa em âmbito educacional. As novas tecnologias propiciam uma expansão não apenas da informação, mas das novas formas de produção e circulação de mercadorias. Do ponto de vista cultural, um mundo de imagens, de signos, enfim, de elementos semióticos e simbólicos, constitui a nova realidade global. Uma verdadeira política dos signos está a serviço da lógica da produção, da concorrência, do consumo e do lucro. As matrizes educacionais anteriores que capacitavam os trabalhadores valiam-se da estrutura do Estado de bem-estar social (*Welfare State*), de tecnologias menos complexas e duráveis, enfim, de modelos lineares de conhecimento.

Nesse contexto, Libâneo argumenta que, no processo de formação dos trabalhadores num panorama da sociedade capitalista (modernidade tardia, sociedade pós-industrial, sociedade pós-moderna), certas demandas do processo produtivo não podem ser ignoradas. Libâneo (2001) considera importante, sobretudo: a) o desenvolvimento de capacidades cognitivas e operativas complexas, encaminhadas para um pensamento autônomo, crítico, criativo; b) formação geral e capacitação tecnológica para que os trabalhadores possam exercer mais controle sobre suas condições de trabalho, de modo a não buscar competência apenas em tarefas fixas e previsíveis, mas compreender a totalidade do processo de produção; c) qualificação mais elevada e de melhor qualidade, de caráter geral do trabalhador, inclusive como condição para quebrar a rigidez da tecnologia; e d) desenvolvimento de novas atitudes e disposições sociomotivacionais relacionadas com o trabalho: responsabilidade, iniciativa, flexibilidade de mudança de papéis, rápida adaptação a máquinas e ferramentas e formas de trabalho que envolvem equipes interdisciplinares e heterogêneas[*].

4.1.1 A dinâmica da construção do conhecimento

Libâneo (2001, p. 29) compreende, nesse contexto de reconfiguração sociocultural, que "o ensino exclusivamente verbalista, a mera transmissão de informações, a aprendizagem entendida somente como acumulação de conhecimentos, não subsistem mais". Segundo ele, o que se firma é

---

[*] Paiva (1993) e Machado (1994), citados por Libâneo (2001, p. 22).

que o professor medeia a relação ativa do aluno com a matéria, inclusive com os conteúdos próprios de sua disciplina, porém considerando os conhecimentos, a experiência e os significados que os alunos trazem para a sala de aula. "Ao mesmo tempo, o professor ajuda no questionamento dessas experiências e significados, provê condições e meios cognitivos para sua modificação por parte dos alunos e orienta-os, intencionalmente, para objetivos educativos", complementa Libâneo (2001). O professor auxilia a desenvolver a competência do pensar, do diálogo, da construção e percepção de problemas, situação em que ele ensina os alunos a argumentarem, abrindo espaços para que expressem seus sentimentos e desejos, de modo que tragam para a aula sua realidade vivida. Isso significa, nas palavras de Meirieu (1998, p. 56),

> [...] que uma simples identificação perceptiva não existe, que uma informação só é identificada se já estiver, de uma certa forma, assimilada em um projeto de utilização, integrada na dinâmica do sujeito e que é este processo de interação entre a identificação e a utilização que é gerador de significação, isto é, de compreensão. [...] Além disso, a importância da fórmula identificação/utilização = significação deve-se ao fato de que ela permite compreender por que a ação didática consiste em organizar a interação entre um conjunto de documentos ou de objetos e uma tarefa a cumprir. Haverá, na verdade, situação de aprendizagem efetiva quando o sujeito colocar em ação os dois elementos, um sobre o outro de maneira ativa e finalizada. Observa-se então que o trabalho do professor ou do educador é preparar essa interação de forma que ela seja acessível e geradora de sentido para o sujeito: pois os materiais podem ser complexos ou numerosos demais para uma tarefa pequena demais que então não parecerá capaz de organizá-los, nem mesmo de finalizá-los.

Nesse contexto, é fundamental considerar-se a **prática social** do aluno, partindo da percepção de que o aluno traz o objeto de estudo de sua realidade para a aula. A prática social vivida pelo aluno, compreendida e organizada como visão de mundo, será problematizada durante o processo educacional, ou seja, será submetida a um **processo crítico** de questionamento. O universo significativo inicial, que constitui o mundo vocabular do aluno, passa a ser o ponto de partida da investigação, da tematização e interpretação da prática social. Para a resposta a esses questionamentos, aos problemas e dúvidas, ou pontos limitantes numa concepção de mundo ampliada, **a instrumentalização** torna-se um momento necessário. Nele, as sínteses já existentes na ciência dão suporte para as buscas realizadas. Um outro momento refere-se à **interiorização** dos novos elementos ou conteúdos pela **catarse**, para finalmente se chegar à **prática social reelaborada**, possibilitando ao aluno construir novos elementos perceptivos com os conteúdos apreendidos, por meio das situações organizadas pelo professor (Anastasiou; Alves, 2003, p. 31).

O papel mediador do educador, perante toda informação discutida nos processos educacionais, não é o de conformação e o de pura apreciação do dado, do concebido – seja o do senso comum imanente na vida diária, seja o do conceito científico, produzido ao longo da história –, mas o de permanente questionamento, problematização e reconstrução. Começa-se, portanto, a construção do conhecimento em sala de aula, pela compreensão dos níveis de entendimento, de percepção que possuem os educandos acerca da realidade em que vivem. Há nelas formas de compreender o universo gerador, como diria Paulo Freire, que engendram projetos de vida, de identificação com algumas temáticas, profissões, áreas de interesse, enfim, que destacam formas particulares e especiais de dizer, ver e viver no mundo. E finaliza-se cada etapa do conhecimento em sala de aula, com a reconstrução das formas de entendimento que possuem os alunos acerca de seu universo social. O movimento dialético da pesquisa pressupõe a categoria da totalidade, ou seja, o movimento de partida da realidade, da prática social concreta, e o movimento de retorno à prática social concreta (Saviani, 2003). Sugere, entre essas duas instâncias, um movimento de mobilização, problematização, internalização e reconstrução.

Trata-se, em primeira instância, de **mobilizar** para o conhecimento, de vasculhar suas entranhas na realidade vivida, de investigar as formas historicamente estabelecidas no cotidiano vivido pelos alunos; buscando preparar uma comunidade desejante, inquieta, curiosa, interessada em compreender e discutir uma determinada temática. Em segunda instância, educandos e educadores buscam **problematizar** todas as informações produzidas, tentando detectar contradições, complementaridades, insuficiências nas formas de compreender e conhecer existentes no mundo cotidiano. Numa terceira instância, trata-se de buscar **compreender**, através da pesquisa e do ensino, outras formas de conceitualizar os mesmos fenômenos vividos. Busca-se então, as "categorias teóricas" que permitem apreender e tratar toda a informação sob forma de conhecimento. **Reconstroem-se** assim, sob forma de síntese, as percepções limitadas e limitantes da vida diária através do confronto e da ruptura, possibilitada com o historicamente estabelecido pelas diferentes ciências. Parte-se do múltiplo ao uno, num movimento ininterrupto, compreendendo o uno no múltiplo e o múltiplo no uno. Nunca há fechamento, por isso a totalidade é compreendida sempre como relação, ou seja, como a melhor possibilidade produzida pelo pensamento conceitual/raciocinado para definir uma certa realidade, um certo objeto estudado, sem nunca o esgotar.

Sob esse prisma, partir da prática social para a ela voltar não é uma tarefa exclusiva do professor, que se faz pesquisador isolado numa sala de aula, no laboratório, ou num campo de pesquisa, mas antes tarefa ativa dos educandos que aprendem a ler e interpretar os limites das formas cotidianas de ler a realidade e dizer o mundo. Assim, não se começa a pesquisa em sala de aula pelos conceitos historicamente estabelecidos, "ensinando os alunos", direcionando-os, enchendo suas cabeças (educação tradicional) e silenciando-os, para depois ver a "prática social" em que vivem. Também não se começa a pesquisa em sala de aula apenas com os problemas já postos pelas ciências (educação cientificista – abstrata) ou pelos interesses particulares dos alunos (educação moderna) – forma típica do escolanovismo – ou os interesses do mercado (pragmatismo utilitarista), antes, trata-se de compreender as necessidades particulares dos alunos, mediando os seus interesses com as necessidades historicamente estabelecidas pelas suas respectivas profissões e campos de atuação, bem como pelo avanço da ciência, da técnica e de suas contradições sociais, éticas, políticas e culturais.

Essa educação, concebida enquanto "prática da liberdade", funda-se numa relação profundamente marcada pelo respeito, humildade, reciprocidade e escuta para com o outro; valorizando, portanto, os sujeitos sonhadores/reais que dialogam, criticam, interrogam-se sobre o mundo, sobre a vida e sobre os seus sentidos. Dessa forma, a relação educativa que está entendida numa ação cultural com o outro, de caráter dialético, é sempre processual, histórica, dinâmica, democrática, não se esgotando na pura convivência, desvinculada dos sentidos, valores e significados deste outro. Pelo contrário, ela se estabelece numa espécie de comunhão e compromisso recíproco, em que um diálogo verdadeiro se estabelece, orientando-se para a transformação e superação das relações sociais de caráter opressivo*. A orientação e a diretividade da concepção dialética do conhecimento, explica Freire, ocorrem de forma a "superar o saber de senso comum pelo saber de senso crítico". Nesse

---

* Em sua obra *Educação e mudança* (2001), Paulo Freire interpretara este aspecto anunciando que o verdadeiro compromisso "é a solidariedade, e não a solidariedade com os que negam o compromisso solidário, mas com aqueles que, na situação concreta, se encontram convertidos em 'coisas'".

processo, é necessário que se construa e se viva uma nova concepção de história, que permita compreender o "tempo como possibilidade", "o que significa a recusa a qualquer explicação determinista, fatalista da História" (Freire, 2001, p. 29).

Uma postura reflexiva e curiosa diante do mundo surge como necessidade basilar para os educandos/educadores no processo de construção do conhecimento. O lócus escolar/universitário projeta-se como condição de ruptura de informações estanques e sem sentido. Para tanto, as próprias noções de conhecimento disciplinar e de uma organização rígida e estanque do currículo precisam ser repensadas, tendo em vista as aprendizagens significativas dos educandos. A escola/universidade não pode permanecer distante e desinteressada das transformações no mundo do trabalho, das ciências e das novas tecnologias. Ela surge como instância de crítica, de reflexividade e, portanto, de reconstrução, e isso implica a reformulação de sua própria lógica disciplinar e organizacional, a qual atendia a uma forma de economia baseada no fordismo e nos princípios da ciência moderna. Para ajudar no processo de construção de uma postura reflexiva e curiosa dos educandos, a universidade e, consequentemente, os educadores precisam constituir novos processos de construção do conhecimento. Esses novos processos incluem a valorização das informações produzidas no cotidiano, reconstruindo-as sob o ponto de vista do diálogo intertransdisciplinar. A formação do profissional pela prática da pesquisa se constitui nessa reflexão sobre a prática, e esta precisa desenvolver-se num sentido enriquecido de ciência.

4.1.2 O novo papel do educador

Antônio explicita a "nova" natureza dos processos educativos escolares/universitários, destacando a importância e a imprescindibilidade da ação do educador no processo de mediação e orientação a partir da lógica da pesquisa. A informação, segundo ele, precisa ser elaborada, vivida, pensada, relacionada, selecionada. Para Antônio (2002, p. 84),

> *Excesso de informação destrói o raciocínio, destrói a capacidade imaginativa e criadora, esse é um dos nossos paradoxos. Exatamente nesse mundo saturado de informações, em que agentes pedagógicos e antipedagógicos se multiplicam no cotidiano, principalmente nas telas trêmulas dos computadores, (sic) e das televisões, mais do que nunca o educador é vital.*

O educador torna-se responsável por este processo de mediação, interlocução e organização de toda informação sob forma de conhecimento. A sua atuação no processo de constituir e ensinar o aluno a pensar e, mais do que isso, a gostar de pensar, de dialogar, de pesquisar e aprender a construir conhecimento, num processo coletivo de interação, torna-se mais do que nunca indispensável. Essa é uma necessidade vital quando se pensa em educadores, em escola, em sociedade e no ser humano e profissional que sonhamos e desejamos e com os quais sonhamos. Segundo Antônio (2002, p. 83),

> *Quanto mais informação, quanto mais conhecimento, mais risco de nós nos perdermos de nós mesmos e da relação com o outro. E o educador é imprescindível. Podemos chamá-lo de mediador, de interlocutor, de companheiro de viagem, mas quanto mais nós estarmos imersos na sociedade baseada na informação midiática e publicitária, mais a questão do educador é vital.*

Gadotti (2005) entende que numa sociedade rápida e mutável (condição pós-moderna), em que o conhecimento da humanidade duplica-se rapidamente em curto espaço de tempo, torna-se imprescindível a existência de um professor. Ele não desaparece e nem fica sem função, no entanto seu papel modifica-se. Não há mais espaço, segundo ele, para o professor reprodutor de conhecimento e cultura, que se limita a repassar o que os outros produziram, mas torna-se necessário, isto sim, o professor/profissional capaz de criar e recriar conhecimento. A docência (numa era em que temos que conviver com a incerteza) está ligada a um profissional especial, capaz não apenas de lidar com o dado, com a informação pura e a sua reprodução, mas com a esfera de construção do sentido (Gadotti, 2005, p. 22). A prática da pesquisa, portanto, não se apresenta como um apêndice na vida do educador, tampouco do educando, que precisa compreender seu cotidiano com vistas a perceber os problemas, os limites que se apresentam, a fim de produzir novas saídas.

Para Gadotti (2005, p. 22),

> *Há consenso quando se afirma que nossa profissão deve abandonar a concepção predominante no século XIX de mera transmissão do saber escolar. O professor não pode ser um mero executor do currículo oficial e a educação já não é mais propriedade da escola, mas de toda a comunidade. O professor e a professora precisam assumir uma postura mais relacional, dialógica, cultural, contextual e comunitária. Durante muito tempo, a formação do professor era baseada em conteúdos objetivos. Hoje, o domínio dos conteúdos de um saber específico (científico e pedagógico) é considerado tão importante quanto as atitudes (conteúdos atitudinais ou procedimentais).*

O professor, numa sociedade em mudanças, deixa de ser um lecionador para ser um organizador do conhecimento e da aprendizagem dos alunos. Ao invés de um repassador de informações, de conteúdos, de um transmissor, no pleno sentido do termo, ele se torna um mediador do conhecimento, diante do aluno, que é o sujeito da sua própria formação. A questão agora, numa concepção dialética, é que o aluno precisa construir e reconstruir conhecimento a partir do que faz. Gadotti (2005, p. 18) ainda afirma que *para isso, o professor também precisa ser curioso, buscar sentido para o que faz e apontar novos sentidos para o "que fazer" dos seus alunos. Em resumo, poderíamos dizer que o professor se tornou um aprendiz permanente, um construtor de sentidos, um cooperador e, sobretudo, um organizador da aprendizagem.*

Marques (2001b, p. 35) considera que

[...] às aulas, em vez de comparecerem os alunos com cadernos em branco para registro das lições do professor, irão eles com a anotação das perguntas que, com vistas ao prosseguimento da pesquisa, farão ao professor juntamente com a solicitação de bibliografia atinente aos tópicos em questão. Etapas essas que, evidentemente, não são sucessivas, retomando-se antes em idas e vindas.

Meirieu (1998, p. 56) afirma que

Por isso, é preciso substituir uma concepção linear simples demais, em que os conhecimentos formalizados seriam formalizados progressivamente a um sujeito cuja qualidade essencial seria a de ser passivamente receptivo, atento, disposto a escutar, por uma concepção mais dinâmica onde esses conhecimentos seriam integrados no projeto do sujeito e, de uma certa maneira, só viveriam nele e através dele. Pois como A. de La Garanderie, estar atento é ter o projeto de transformar em imagens mentais aquilo que se está percebendo, ou ainda, em nossa linguagem, estar atento é ter um projeto de utilização daquilo que se está recebendo e fazer disso representações finalizadas. E o que é válido para a atenção também é válido para a memória: é por isso que esta é condicionada pelo fato de colocar o que se quer conservar em um futuro esboçado mentalmente, de situá-lo em um projeto, de aprender colocando-se em situação de utilização ou, pelo menos, de restituição. Muitas aprendizagens são assim estéreis, porque falta a elas essa colocação em situação; e a repetição a que são submetidas não é quase eficaz se esta não estiver sustentada por um projeto.

Nesse contexto, aos educadores caberia este papel de permitir com que o aluno desenvolva suas "funções psicológicas superiores" (Vygotsky, 2000), de forma a conseguir "generalizar" "sistematizar" e "organizar" o mundo caótico e fragmentário da "sociedade dos *mass media*" (Vattimo, 2002, p. 14). Na visão de Libâneo (2001, p. 28), "o valor da aprendizagem escolar estaria justamente na sua capacidade de introduzir os alunos nos significados da cultura e da ciência por meio de mediações cognitivas e interacionais providas pelo professor". O professor estaria desafiado a ensinar o aluno a pensar, a reelaborar e a construir estruturas próprias de pensamento. O ensino problematizador, simplesmente, colocaria o sujeito em ação, em uma interação ativa entre a realidade e seus projetos, interação que desestabiliza-se e reestabiliza-se, graças às variações introduzidas pelo educador e suas representações sucessivas; e é nessa interação que se constrói, muitas vezes, irracionalmente, a racionalidade (Meirieu, 1998, p. 63). Trata-se, em última instância, de uma formação que ajude o aluno a transformar-se num sujeito pensante, "de modo que aprenda a utilizar seu potencial de pensamento por meios cognitivos de construção e reconstrução de conceitos, habilidades, atitudes e valores" (Libâneo, 2001, p. 30).

Sacristán e Gómes (1998, p. 103) consideram que

> *Para compreender a complexidade real dos fenômenos educativos como fenômenos sociais, é imprescindível chegar aos significados, ter acesso ao mundo conceitual dos indivíduos e às redes de significados compartilhados pelos grupos, comunidades e culturas. A complexidade da investigação educativa reside precisamente nesta necessidade de ter acesso aos significados, já que estes só podem ser captados de modo situacional, no contexto dos indivíduos que os produzem e trocam. Os*

comportamentos do sujeito, seus processos de aprendizagem e as peculiaridades de seu desenvolvimento, somente podem ser compreendidos se somos capazes de entender os significados que se criam em suas trocas com a realidade física e social ao longo de sua singular biografia. Para esta perspectiva, o homem é um animal suspenso em redes de significados que, em grande parte, ele mesmo contribui para tecer.

Meirieu (1998, p. 59), por sua vez, afirma que

Não se tem, portanto, nenhuma chance de fazer que um sujeito progrida se não se partir de suas representações, se elas não emergirem, se não forem trabalhadas, como um oleiro que trabalha o barro, ou seja, não para substituí-lo por outra coisa, mas para transformá-lo. De fato, seria muita ilusão acreditar que, quando a representação tiver sido identificada por um diálogo, uma encenação ou um desenho, basta exorcizá-lo pra expulsá-la da mente do aluno e substituí-la pela verdade científica. Um sujeito não passa assim da ignorância ao saber, ele vai de uma representação a outra mais elaborada, que dispõe de um poder explicativo maior e que lhe permite elaborar um projeto mais ambicioso que, por sua vez, contribui pra estruturá-la. E cada representação é, ao mesmo tempo, um progresso e um obstáculo; ser é um obstáculo ainda maior quando tiver constituído um progresso decisivo e que, em função disso, o sujeito estará ainda mais ligado a ela.

Ser professor hoje, nesse contexto, é viver intensamente o seu tempo com consciência e sensibilidade. Não se pode imaginar um futuro para a humanidade sem educadores. Os educadores, numa visão emancipadora, não só transformam a informação em conhecimento e em consciência crítica, como também formam pessoas. Diante dos amantes da sabedoria – os filósofos dos quais nos falava Sócrates –, eles fazem fluir o saber – não o dado, a informação, o puro conhecimento – porque constroem sentido para a vida das pessoas e para a humanidade, buscando, juntos, um mundo mais justo, mais produtivo e mais saudável para todos. Por isso, eles são imprescindíveis (Gadotti, 2005, p. 19). Em sua essência, ser professor, hoje, não é nem mais difícil nem mais fácil do que era há algumas décadas, é diferente. Diante da velocidade com que a informação se desloca, envelhece e morre, diante de um mundo em constante mudança, seu papel vem mudando – senão na essencial tarefa de educar, pelo menos na tarefa de ensinar, de conduzir a aprendizagem, e na sua própria formação, que se tornou permanentemente necessária (Gadotti, 2005, p. 16).

4.1.3 O novo papel da universidade

Em relação à tarefa fundamental da escola e da universidade, Marques (2003, p. 18) compreende que a escola/universidade não pode permanecer inerte à problemática da informação. Tornar as aprendizagens mais significativas, rompendo com a dicotomia entre o mundo escolar e o mundo cotidiano, tornou-se um imperativo numa sociedade permeada por um imenso oceano de informações. A mudança social possibilitada pelas novas tecnologias modifica o cotidiano vivido, sentido e percebido. A velha tarefa da escola/universidade de apenas transmitir conteúdos e lidar com informações escassas, sem se preocupar com as aprendizagens significativas, precisa ser repensada, com vistas a uma nova inserção e um novo papel social. Para Marques (2003, p. 18), a construção do sentido torna-se uma das tarefas fundamentais da escola/universidade.

> *Se a escola, até pouco tempo, trabalhava com informações escassas, buscando ampliá-las, preocupada com transmitir conteúdos e descuidada de fazer significativas as aprendizagens, essa escola atualmente se defronta com o desafio de se constituir em lugar social e tempo reservado para a emergência do significante na constituição do sujeito inserido na ordem simbólica desde o imenso oceano de informações em que se acha imerso. Tarefa fundamental da escola é agora a de*

trabalhar a informação, já que meramente passiva, na atribuição a ela de significados pelos quais se fazem a comunicação, a constituição de saberes e a interlocução deles na educação.

Jean Louis Le Moigne, importante estudioso da teoria dos sistemas e da teoria da complexidade de Edgar Morin, aborda esta temática da informação e da construção do sentido, articulando-a com a necessidade de uma transformação nos procedimentos escolares/universitários básicos. Le Moigne, em uma das jornadas temáticas direcionadas à problemática dos saberes necessários durante o percurso escolar e universitário, intitulada *Complexidade e sistema*, está preocupado, fundamentalmente, com a forma como as pessoas integram as informações difundidas pela televisão e o rádio em suas práticas cotidianas. Ele destaca, dentre outras coisas, a dimensão da fragmentação e da descontextualização na prática de interpretação dessas informações. Este seria o aspecto limitante do excesso de informação constitutivo da sociedade atual, o qual mais confunde as pessoas do que de fato as orienta. A tomada de informações de forma descontextualizada e fragmentada não contribui para o exercício profissional e cidadão.

> *O que deve ser a escola em face dessas novas realidades? A escola precisa deixar de ser meramente uma agência transmissora de informação e transformar-se num lugar de análises críticas e produção da informação, onde o conhecimento possibilita a atribuição de significado à informação (nas aulas, no livro didático, na TV, no rádio, no jornal, nos vídeos, no computador etc.), e os elementos cognitivos para analisá-la criticamente e darem a ela um significado pessoal. Para isso, cabe-lhe prover a formação cultural básica, assentada no desenvolvimento de capacidades cognitivas e operativas. Trata-se assim, de capacitar os alunos a selecionar informações, mas, principalmente, a internalizar os instrumentos cognitivos (saber pensar de modo reflexivo) para aceder ao conhecimento. (Le Moigne, 2002)*

Nesse sentido, na interpretação de Le Moigne, as principais mudanças que devem permear o ensino orientam-se para o desenvolvimento de uma capacidade de leitura e interpretação da realidade que permita **contextualizar** toda a informação. Para que essa possibilidade aconteça, é preciso ensinar os educandos a pensar de forma sistêmica e dialética, e não apenas analítica. É preciso ensiná-los a **raciocinar**, a "**computar símbolos**", a fim de permitir a emergência de novos significados para a ação. Nesse âmbito, uma leitura de conjunto, que apreenda o conjunto de questões em jogo em toda a informação que recebemos, torna-se necessária para que uma representação mais rica e pertinente da realidade se torne possível. Assim, Le Moigne salienta e enfatiza que é "preciso ensinar uma nova retórica, [...] ensinar, portanto, um pensamento complexo" (Le Moigne, 2002, p. 545). Afirma Le Moigne (2002, p. 545) que

> Acostumamo-nos a essas informações ouvidas fora do contexto no qual elas seriam inteligíveis. Ora é preciso urgentemente reencontrar esse procedimento de contextualização: aprender a construir para si mesmo representações ricas daquilo que ouvimos e fazemos. Pretendemos, todos nós, formar cidadãos – permitam-me a analogia: clínicos e não cirurgiões, ou seja, cidadãos que, diante de certas situações, não vão tentar "reparar o órgão", mas sim compreender o contexto e, a partir de um diagnóstico global, escolher entre os comportamentos sucessivos que eles tentarão acionar, a fim de fazer com que a situação evolua no sentido em que eles desejam.

A construção do conhecimento, com vistas à apreensão da totalidade concreta, funda-se no caráter dialético da realidade social, a qual desafia alunos e professores a compreenderem o "objeto de estudo" em suas múltiplas determinações. Delimitar um objeto de estudo não é fragmentá-lo ou limitá-lo arbitrariamente, pois, mesmo delimitado, um fato teima em não perder o tecido da totalidade da qual é parte indissociável (Frigotto, 1995). O isolamento de uma informação é superado, então, no pensamento e pelo pensamento do aluno, por meio das relações que este constrói, com a mediação da ação docente. Ou seja, uma visão de totalidade crescente, de rede, vai sendo progressivamente construída a partir de uma informação qualquer ou de um fato concreto (Anastasiou; Alves, 2003, p. 26). A formação universitária assume, dessa forma, um feixe orientador que permite estabelecer como metáfora guia a célebre frase de Montaigne, citada por Morin (2001, p. 21), a respeito da "cabeça bem-feita": "mais vale uma cabeça bem feita do que uma cabeça bem cheia". Lembra-nos Zabala (2002, p. 58), que

> Os problemas relevantes para os cidadãos e as cidadãs sempre são globais e complexos. O sentido do conhecimento incluído nas diferentes ciências, e seus problemas internos e específicos, não são os problemas relevantes para as pessoas. O saber científico somente pode ter sentido educativo quando está a serviço do desenvolvimento humano em suas vertentes pessoais e sociais. [...] Quando a opção educativa é a do conhecimento para a ação crítica, o ensino deve orientar-se para propor um saber escolar complexo. É preciso construir um currículo que reflita o nível de incerteza presente na vida, no qual é impossível obter sempre uma única resposta válida e verdadeira para os múltiplos problemas que surgem em uma realidade na qual se inter-relacionam múltiplas e diferentes variáveis e dimensões. Ou seja, uma formação que facilite uma visão mais complexa e crítica do mundo, superadora das limitações próprias de um conhecimento parcelado e fragmentado que, sabemos, é inútil para enfrentar a complexidade dos problemas reais do ser humano.

O contexto social, produzido pelas possibilidades tecnológicas e informacionais atuais, amplia muito as condições para a tematização de elementos específicos da cultura, principalmente no que tange à dimensão do imaginário. Os educadores podem se beneficiar dessa demanda, à medida que ela se articula para produzir uma forma de aproximação entre as questões práticas do mundo cotidiano e as questões teóricas de um campo conceitual específico. No entanto, eles devem estar atentos para a forma de pesquisa e interpretação utilizada nesse processo de inclusão dos elementos mais básicos da cotidianidade. Lembrando que o cotidiano cultural constitui-se como ponto de partida para a construção do conhecimento escolar, nunca como ponto de chegada. Em outras palavras, os educadores devem estar atentos à especificidade do seu ensino, não querendo fazer alusão a tudo. Nesse sentido, o imaginário e a dimensão simbólica e qualitativa do conhecimento, de caráter mais globalizante, acrescentam-se às dimensões lógicas e quantitativas, de caráter mais analítico, *potencializando e maximizando* as possibilidades de *comunhão* de significados (Morin, 1999).

Segundo Libâneo (2001, p. 29),

> *Para isso, professores são necessários, sim. Todavia, novas exigências educacionais pedem às universidades um novo professor capaz de ajustar sua didática às novas realidades da sociedade, do conhecimento, do aluno, dos meios de comunicação. O novo professor precisaria, no mínimo, de adquirir sólida cultura geral, capacidade de aprender a aprender, competência para agir na sala de aula, habilidades comunicativas, domínio da linguagem informacional e dos meios de informação, habilidades de articular as aulas com as mídias e multimídias.*

Georges Lerbet (2002, p. 528), em um artigo intitulado *Transdisciplinaridade e Educação* – presente no livro A *religação dos saberes*, de Edgar Morin – pontua a importância do imaginário na construção do conhecimento escolar, destacando de forma especial a questão da pesquisa como elemento reconstrutor dos saberes dos educadores. O autor se refere, fundamentalmente, à dimensão da poética no processo de constituição da ciência e da cognição dos educadores/educandos. Com isso, lança a oportunidade de compreendermos e reconhecermos a riqueza do conceito de razão quando integrado à possibilidade de uma racionalidade aberta, capaz de permitir um diálogo entre as dimensões lógicas, dialógicas e analógicas do conhecimento. O autor utiliza um conceito de razão enquanto **axiomática da inteligência**, sobre o qual Edgar Morin afirma que toda a axiomática é aberta, devendo estar integrada a uma forma de racionalidade não somente lógica, mas também analógica. Segundo ele, quando se fala de racionalidade aberta, deve-se considerar que há interação entre essas duas formas de lógica no cotidiano. Nas palavras de Lerbet (2002, p. 530):

> *Tudo isso é extremamente importante, parece-me, quando se quer compreender, nem que seja um pouco, o funcionamento cognitivo do aluno. Ele utiliza o outro aspecto de sua razão, que comporta uma abertura em direção ao imaginário, sem por isso ser irracional, e quando um aluno que queremos fazer seguir o ensino científico faz essa pergunta embaraçosa, mas também relativamente impertinente, além de sua aparência utilitarista: "Para que serve o que estou fazendo? Como ligar os estudos à minha vida?" Quando ele pergunta isso, acho que está em jogo justamente essa questão do imaginário.*

O reconhecimento da poética na ciência, da assunção do papel da criatividade no processo de construção do conhecimento, conjuntamente com um pensamento que permite levar em conta as "duas dimensões da racionalidade do aluno" (lógica/analógica), possibilita ao educador uma alternativa no processo de ensino das ciências (Lerbet, 2002, p. 530). Para além disso, essa dimensão transcende as perspectivas epistemológicas e pedagógicas que se caracterizam por enfatizar a lógica do acúmulo de conhecimentos, negando a possibilidade de um ensino mais significativo e contextual. Característica esta que, afinal de contas, como argumenta Lerbet, contribui para o sucesso de alguns e o fracasso de outros, estando muito presente nos sistemas de ensino secundário. Nosso sistema pedagógico, essencialmente baseado no consumo dos saberes, argumenta Lerbet (2002, p. 532), "não permite que o sentido desses saberes seja suficientemente interiorizado e que o indivíduo tenha uma capacidade suficiente de descentralização. Portanto, ele só dá acesso ao sucesso para alguns e organiza na inconsciência o fracasso dos outros".

A "teia argumentativa", utilizada por Lerbet em sua abordagem sobre *Transdisciplinaridade e educação*, é importante no processo de pensarmos a reconstrução dos saberes dos docentes que atuam na educação universitária, porque introduz a possibilidade de situar e enfrentar o problema do fracasso escolar a partir de uma dinâmica que enfatiza a importância da construção do sentido e do significado dos saberes no contexto geral da vida, introduzindo, nessa ótica, o papel específico que desempenham os educadores ao tentarem construir outras formas de abordagem que valorizem, sobretudo, além da dimensão lógica, a dimensão do imaginário e do simbólico na construção do conhecimento escolar.

4.2 A pesquisa na formação universitária

A inserção do projeto formativo dos estudantes na perspectiva da pesquisa como princípio educativo, numa ótica dialética, alicerça-se nos desafios que precisam ser contemplados em todo projeto educativo que aspire à qualidade social. Esses desafios incluem a busca pela qualidade das aprendizagens que se articulam no interior dos processos formativos. A pesquisa em sala de aula, do ponto de vista qualitativo e político, como orienta a metodologia dialética, volta-se para capacitação integral dos educandos (científica, tecnológica, política, ética e estética). Assim, exigem-se dos processos educativos escolares e universitários – como novas condições para alcançar a qualidade social da educação – uma busca rigorosa, sistemática e persistente pela competência produtiva, social, ética e comunicativa (Libâneo, 2001). Integrar, desenvolver e articular, a partir da pesquisa como princípio educativo, a formação científica, técnica, política e filosófica dos educandos, constitui o desafio da formação escolar e universitária. A educação universitária, mediada pela pesquisa, objetiva, nesses tópicos, fundamentalmente, formar o profissional pesquisador, não necessariamente o profissional da pesquisa (Demo, 2004).

Nesse processo de formação das competências produtivas, a escola/universidade precisa se organizar para atender não somente as demandas do "mundo do trabalho" existentes na atualidade – e isso inclui a capacidade de construção de um projeto educacional que contemple as necessidades imediatas de formação requeridas pelos novos processos produtivos –, mas também a inclusão de possibilidades alternativas de formação, as quais irão fazer a diferença no futuro. Trata-se aqui da construção das competências e habilidades que permitem inovar os processos produtivos (técnico-científicos) atuais, reconstruindo-os noutras direções, a partir de outras lógicas. Além do saber-fazer, típico do projeto educativo da sociedade moderna e industrial, cumpre articular o projeto educativo da sociedade "pós-moderna e pós-industrial" (quanto ao uso dessa nomenclatura não há consenso) no rumo do saber-pensar. A pesquisa, a investigação, o senso científico, cumpre aqui papel de destaque, impulsionando a recriação dos horizontes produtivos. Demo (2004) compreende que o mercado de trabalho está cada vez mais precarizado, sendo a capacidade deste de se renovar, de se recapacitar e mesmo de reinventar novas chances profissionais, de vida e/ou de morte. Nesse contexto, se os velhos postos de emprego estão desaparecendo, será mister saber inventar trabalho.

Libâneo (2001) argumenta que se trata de construir uma escola/universidade unitária, centrada na formação geral (que articule o conhecer, o valor e o agir) e na cultura tecnológica (capacidade de flexibilidade intelectual, de fazer escolhas valorativas, tomar decisões, fazer análises globalizantes, interpretar informações de toda natureza e pensar estrategicamente). Outrossim, o projeto e a prática educacional, numa sociedade pautada pela flexibilidade e mudança permanentes, consistem em um plano de formação integrada, em que o saber-fazer articula-se com o saber-pensar. A própria capacidade de pesquisar, de integrar novos princípios às velhas formas de produção, apresenta-se como condição que impulsiona, dinamiza e revoluciona permanentemente o mercado. À escola/universidade cumpriria entender a lógica social e produtiva em curso, preparando, de forma unitária/articulada, a formação tecnológica e científica de seus educandos, de modo a lhes permitir operar com capacidade crítica e criativa sobre a matéria. Para tanto, não se abre mão da formação geral, tampouco da formação tecnológica, mas reconstroem-se as formas de pensá-las e de construí-las. O horizonte, agora na dinâmica do conhecimento e da pesquisa, não é o parâmetro disciplinar e fragmentário (paradigma moderno), mas o parâmetro interdisciplinar e globalizante (paradigma contemporâneo) (Santos Filho; Moraes, 2000).

Para Morin (2004, p. 24),

> *O profissional está consciente que o saber que a pesquisa lhe trará responde a uma visão científica ampliada e é incompatível com a percepção simplificadora da ciência. O saber emergirá da reflexão sobre sua prática. Como ator e pesquisador, ele está inserido em um campo, faz parte dele, e deve caminhar com múltiplos componentes de seu meio porque não sabe a priori o que é pertinente e o que não o é em seu projeto de pesquisa. Para evitar uma simplificação apressada, ele aprenderá a observar e a descrever o que Geertz (1973) chama, segundo expressão tomada emprestada a Ryle, de "aventura de uma descrição enriquecida pela lógica informal da vida atual".*

No processo de formação para a cidadania crítica, à escola/universidade caberia não simplesmente "atender" aos imperativos do mercado e da lógica dominante – que presume uma adaptação e conformação dos sujeitos ao instituído –, mas situar-se numa condição prospectiva e crítica, isto é, de ação/reflexão/ação, que permitiria aos estudantes instaurar e instituir outras formas sociais, culturais e produtivas, a partir do instituído. Isso inclui a capacidade de construção de um projeto educacional que contemple as necessidades imediatas de formação requeridas pela lógica cultural dominante, e também de inclusão de possibilidades alternativas de formação que irão fazer a diferença no futuro. Trata-se, aqui, da construção das competências comunicativas, críticas, reflexivas, que permitem analisar os processos culturais e sociais (valorativos) atuais, transformando-os e conduzindo-os a outras direções, a partir de outras lógicas. A pesquisa, a investigação, o senso científico e filosófico, cumpre aqui papel de destaque, impulsionando, através do processo de apreensão e conhecimento da realidade, a recriação dos horizontes sociais, culturais e produtivos. Segundo Libâneo (2001, p. 25), "a escola deve continuar investindo na ajuda aos alunos a se tornarem críticos, a se engajarem na luta pela justiça social, a situarem-se competente e criticamente no sistema produtivo".

Na concepção de Libâneo (Libâneo, 2001), isso consiste também na preparação dos educandos para a participação social, "em termos de fortalecimento de movimentos sociais, não apenas os que envolvem setores amplos da sociedade, mas também aqueles localizados, baseados em interesses comunitários mais restritos, no bairro, na região, nos pequenos grupos, organizados em associações civis, entidades não governamentais etc.". Outrossim, o projeto e a prática educacional não podem menosprezar a necessidade de preparar os acadêmicos para o exercício da cidadania, da organização e da luta pela instauração de outras possibilidades existenciais. A pesquisa como princípio educativo, e o seu corpo categorial, deve voltar-se não apenas para a apreensão de categorias que permitem compreender as dinâmicas globais, universais da cultura, mas também para as dinâmicas locais, particulares desta. Além disso, a pesquisa como princípio educativo poderia se colocar no sentido de ferramenta de transformação social e cultural, capacitando os sujeitos para o controle público do Estado. O espaço formativo, nessa lógica, constitui-se num espaço em que se exercitam as habilidades grupais e intergrupais, de iniciativa, de soluções de problemas e de tomada de decisões coletivas.

No processo de formação para o exercício da cidadania, não se presume a formação ética da escola/universidade, isto é, a formação para a vivência social e democrática a partir de novos valores. Assim, constitui tarefa da escola/universidade, além da formação técnico-científica que habilita para o mundo produtivo, para o mundo profissional, a explicitação crítica dos valores e atitudes que estruturam o mundo social, político e econômico. Trata-se de desenvolver o senso ético que habilita para o diálogo, entendimento, sensibilização, construção e posicionamento dos estudantes frente aos diferentes problemas e dilemas que permeiam a sociedade atual – incluindo-se o desemprego, a desigualdade, o aborto, os transgênicos, as células-tronco, a eutanásia, o consumismo, o sexo, a droga, a predação ambiental, a violência, dentre outros – e também perante as formas de exploração que se mantêm no capitalismo contemporâneo (Libâneo, 2001, p. 25). A pesquisa como princípio educativo, e o seu corpo categorial, pode voltar-se, nesse sentido, para a compreensão do "peso" atribuído aos valores em cada universo cultural e social. O exercício do distanciamento e da capacidade de identificar as origens históricas e os relativos significados atribuídos aos valores que normatizam e orientam a vida em sociedade, permitiria aos estudantes situarem-se com mais propriedade acerca dos diferentes dilemas enfrentados pela humanidade.

Para Freire (2001, p. 50),

> *No momento em que os indivíduos atuando e refletindo, são capazes de perceber o condicionamento de sua percepção pela estrutura em que*

se encontram, sua percepção muda, embora isto não signifique, ainda, a mudança da estrutura. Mas a mudança da percepção da realidade, que antes era vista como algo imutável, significa para os indivíduos vê-la como realmente é: uma realidade histórico-cultural, humana, criada pelos homens e que pode ser transformada por eles.

Essa problemática insere alguns questionamentos importantes que precisam ser levantados pelos educadores no processo de construção de suas estratégias e programas de ação com estudantes universitários numa sociedade globalizada: Que tipo de cultura desejo construir com esses educandos? Como essa cultura irá contribuir para edificar uma nova relação com a informação? Seria suficiente e significativa uma cultura universitária que só valida e certifica formas informacionais e comunicacionais fragmentárias? Seria suficiente um tratamento superficial e fugaz acerca de questões individuais e coletivas que interferem na vida dos educandos? Como é possível construir uma cultura que permita aos educandos não apenas ter "pontos de vista" sobre a realidade, mas também pensamentos e interpretações que a apreendam em suas inter-relações? E, ainda: Como essas abordagens mais **alargadas** e **complexas** acerca da cultura podem contribuir para o desenvolvimento de ações transformadoras do mundo produtivo, político e social?

Síntese

Neste capítulo vimos que há um redimensionamento profundo do lugar-mundo em que vivemos. Todos somos desafiados a buscar uma formação permanente. Essa formação só pode ocorrer se estiver fundamentada consistentemente na pesquisa, na capacidade de autoaprendizagem, de crítica, análise e síntese de informações. A compressão do espaço e do tempo e a aceleração da vida social, devido a crescente transformação das ciências em tecnologias, exigem dos cidadãos competências e conhecimentos cada vez mais particulares, especializados e globais. Quanto aos educadores, não se presume seu desaparecimento, pelo contrário, sua nova função estrutura-se na reconstrução cultural do cotidiano vivido. Para tanto, uma formação docente ampliada faz-se necessária para tornar os conhecimentos específicos e globais, que possibilitam a conquista da cidadania e da qualificação profissional, mais significativos. Assim, na fase da acumulação flexível do capital, não se abandonam as bases conceituais e teóricas fundamentais, mas estas são redimensionadas em função de uma compreensão complexa, articulada, entre as diferentes ciências e os diferentes saberes do mundo do trabalho e da vida. A pesquisa como princípio educativo, desenvolvida concomitantemente com o ensino e a extensão, estaria na base dessa mudança cultural na educação. Ela propõe o desafio permanente a todos os professores, profissionais e cidadãos que querem reconstruir o seu universo profissional e social/cultural, em termos científicos, éticos e políticos, implicando num movimento ativo, de busca de competências de escrita, fala e sistematização cada vez mais transversais, mais globais, encharcados de sentido histórico.

Indicações culturais

Livro

HUXLEY, Aldous. **Admirável mundo novo**. Rio de Janeiro: Globo, 1980.
Esse livro, escrito no início do século XX, previu muitas das grandes transformações que teríamos no campo cultural, social e econômico com o advento das tecnologias.

Filmes

GERMINAL. Direção: Claude Berri. Produção: Claude Berri; Pierre Grunstein; Bodo Scriba. França, Bélgica, Itália: Canal Plus; Sony Pictures Classics, 1993. 160 min.

Esse filme mostra a realidade opressora e exploratória da sociedade industrial, que subjuga os trabalhadores a extensas jornadas de trabalho.

TEMPOS MODERNOS. Direção: Charles Chaplin. Produção: Charles Chaplin. EUA: United Artists, 1936. 89 min.
O filme trata da realidade do mundo moderno e da sociedade industrial sob a ótica do trabalho.

Atividades de Autoavaliação

1. Assinale V (verdadeiro) ou F (falso) para as definições de termos relativos ao papel da universidade e do educador na sociedade contemporânea:
   ( ) A sociedade atual, denominada "sociedade do conhecimento", possibilita a todos o acesso à informação, a qual esclarece os profissionais e cidadãos acerca do que é o conhecimento necessário e útil
   ( ) Constitui tarefa dos educadores, na atualidade, contribuir para a "reconstrução da cultura", por meio de processos de significação e construção do sentido.
   ( ) O tipo de formação requerida, tanto para os professores quanto para os educandos em processo de formação profissional, nestes tempos, constitui-se a partir de uma forte base sólida de cultura geral, intermediada por uma cultura profissional específica.
   a) V, V, V
   b) V, V, F
   c) V, F, F
   d) F, V, V

2. Assinale V (verdadeiro) ou F (falso) para as afirmações a seguir sobre o papel do educador na sociedade contemporânea:

( ) O educador torna-se responsável pelo processo de mediação, de interlocução e organização de toda informação sob a forma de conhecimento. Ele possibilita aos educandos estabelecerem as relações entre a "cultura historicamente acumulada" (ciências) e a cultura vivida no cotidiano (senso comum).

( ) A atuação do educador no processo de constituir e ensinar o aluno a pensar e, mais do que isso, a gostar de pensar, de dialogar, de pesquisar e aprender a construir conhecimento, num processo coletivo de interação, torna-se mais do que nunca indispensável na sociedade contemporânea.

( ) O papel dos educadores na sociedade contemporânea é equivalente ao papel dos educadores no auge da sociedade industrial, ou seja, ensinar a fazer, a entender exclusivamente dos processos práticos e técnicos, uma vez que o saber-pensar já está sendo feito pelos meios de comunicação.

a) F, V, V
b) V, V, F
c) V, F, F
d) F, V, F

3. Assinale V (verdadeiro) ou F (falso) para as afirmações a seguir sobre as novas exigências feitas pelo capital em relação à formação universitária na sociedade contemporânea:

( ) As transformações políticas e socioculturais que estamos vivendo estão associadas ao novo paradigma produtivo, o qual faz novas exigências à educação. Elas constituem um novo perfil de trabalhador.

( ) O capital estaria exigindo dos trabalhadores competências cada vez mais rígidas e especializadas, o que implica uma maior disci-

plina, obediência e hierarquia no âmbito do trabalho.
( ) A formação requerida pelo capital, nestes novos tempos, inclui uma formação geral ampliada dos trabalhadores (inter-transdisciplinar), a qual desenvolva a capacidade de resolver problemas complexos, o saber-pensar e a tomada de decisões estratégicas.
a) V, F, V
b) V, V, F
c) V, V, V
d) F, V, F

4. Assinale V (verdadeiro) ou F (falso) para as afirmações a seguir sobre o papel da pesquisa na formação dos novos profissionais e cidadãos requeridos pelos novos tempos:
   ( ) A pesquisa, como ferramenta técnica, volta-se na educação superior para a capacitação específica e particular do educandos, sobre os quais, cada vez mais, afirmam-se problemas de ordem disciplinar.
   ( ) A competência necessária a ser perseguida pela universidade, através da pesquisa, refere-se prioritariamente à qualificação e à requalificação dos trabalhadores para os ditames do "mercado de trabalho".
   ( ) São exigidos dos processos educativos escolares e universitários, uma busca rigorosa, sistemática e persistente pela competência produtiva, social, ética e comunicativa.
   a) F, V, V
   b) F, F, V
   c) V, V, V
   d) F, V, F

5. Assinale V (verdadeiro) ou F (falso) para as afirmações a seguir sobre o papel da universidade em relação à formação universitária:

( ) A universidade deve buscar uma formação tecnológica e profissional suficientemente significativa para impulsionar a economia, o que resultará em progresso "automático" para as comunidades humanas.

( ) A universidade deve buscar uma formação unitária, centrada na formação geral e na formação científico-tecnológica, possibilitando o desenvolvimento da cidadania e da competência sociopolítica dos educandos.

( ) O horizonte, na dinâmica do conhecimento e da pesquisa na universidade, não é o parâmetro disciplinar e fragmentário (paradigma moderno de ciência), mas o parâmetro interdisciplinar e globalizante (paradigma contemporâneo de ciência).

a) F, V, V
b) V, V, F
c) V, V, V
d) F, V, F

Atividades de Aprendizagem

Questões para reflexão

1. O que seria o desenvolvimento de uma cultura geral no âmbito da formação universitária? Seria prescindir das disciplinas específicas, ou compreendê-las e organizá-las de uma nova forma?

2. Por que a pesquisa pode se tornar uma possibilidade efetiva de construir uma visão articulada sobre a realidade? Que tipos de conhecimentos são desenvolvidos quando se está pesquisando?

Atividade Aplicada: Prática

Leia o texto a seguir, destacando os significados das mudanças sociais e culturais contemporâneas na formação profissional e cidadã dos estudantes/acadêmicos universitários. Em seguida, construa ou elabore algumas questões a fim de entrevistar alguns acadêmicos universitários (que não sejam seus colegas), investigando acerca do que eles pensam ser o seu papel profissional e cidadão na contemporaneidade. Após a entrevista, analise, sob forma de um texto/artigo dissertativo, a relação entre as mudanças sociais contemporâneas, os novos desafios profissionais, éticos e políticos e o nível de compreensão e participação dos estudantes nestes novos tempos. Avalie o tipo de cultura que se legitima no cotidiano dos processos sociais e culturais e também se a lógica da formação universitária consegue romper com o "silenciamento", o "individualismo" e a "massificação".

O sucateamento do verbo

O verbo está desaparecendo. Enquanto esperneia, pouco o valorizam. Vai-se o verbo, fica o silêncio. De olhos arregalados, ficamos sem ter o que falar, sacudidos por todos os lados pelos discursos padrões. Numa época em que precisamos cada vez mais da palavra para nos conhecermos e conhecermos nosso mundo, estamos carentes desta ferramenta. Quando sabemos com maior clareza sobre sua importância, a temos pouco em nossas mãos. Preferimos fazer parte de uma profissão silenciosa, e nos agarramos a crenças e ilusões. Kant já dizia, ante a pequenez e a acomodação da maioria das pessoas em sua época, que é muito cômodo ser menor. Diante do silêncio, barulhento de hoje, poderíamos dizer assim: é muito cômodo não ter o que dizer.

Temos tudo pronto. Como até enlatados nos supermercados, temos a mídia, a qual nos fornece um padrão de linguagem. Cotidianamente, esta nos faz acreditar que ela possui a maneira certa de dizer a verdade. E, faceiramente, vai espalhando o silêncio, através de bombardeios de informações empacotadas e repetitivas. Não há retorno. Há sim mentes entupidas, como tonéis cheios de uma mistura confusa, indescritível. Não poderia ser diferente, o fato de vivermos em "crise" na poesia e na literatura. Sem fazer análises mais aprofundadas, associo esta crise à pobreza de vocabulário. Pobreza esta fruto da linguagem presente neste mundo confuso: paupérrimo de significado. Enquanto isso, o discurso-padrão oficial, repetido diariamente pela mídia, vai pasteurizando os corações e mentes, nivelando emoções, desmatando reflexões mais audaciosas. Nossa época é tão pobre de linguagem, que qualquer discurso que vá além do padrão estabelecido corre o risco de ser incompreendido. Mas, nós, pobres mortais que nos preocupamos com o aumento da consciência galera, temos a obrigação de refutar esta cavalgada incansável da mesmice, a qual é considerada pelas mandas históricas da comunicação, a oitava maravilha do mundo. Já disse Wittgenstein: "Os limites da minha linguagem são os limites do meu mundo". Traduzindo: tendo pouco verbo disponível, tenho poucas possibilidades de conhecer o mundo. Ou melhor, de julgá-lo. E, principalmente: de pensá-lo.

Fonte: PIOVESAN, 2001.

Referências

ALVES, Rubem. **Filosofia da ciência**: introdução ao jogo e suas regras. 18. ed. São Paulo: Brasiliense, 1993.

ANASTASIOU, Lea G.; ALVES, Leonir P. **Processo de ensinagem na universidade**. Joinville: Ed. da Univille, 2003.

ANASTASIOU, Lea G.; PIMENTA, Selma G. **Docência no ensino superior**. 2. ed. São Paulo: Cortez, 2005.

ANTÔNIO, Severino. **Educação e transdisciplinaridade:** crise e reencantamento da aprendizagem. Rio de Janeiro: Lucerna, 2002.

BACHELARD, Gaston. **A formação do espírito científico:** contribuição para uma psicanálise do conhecimento. Rio de Janeiro: Contraponto, 2001.

BAUDRILLARD, Jean. **Simulacros e simulação.** Lisboa: Relógio d'Água, 1991.

BAUMAN, Zygmunt. Desafios educacionais da modernidade líquida. **Tempo Brasileiro**, Rio de Janeiro, n. 148, jan./mar. 2002.

_____. **Em busca da política.** Rio de Janeiro: J. Zahar, 2000.

_____. **Modernidade líquida.** Rio de Janeiro: J. Zahar, 2001.

BERMAN, Marshall. **Tudo que é sólido desmancha no ar:** a aventura da modernidade. 2. ed. São Paulo: Companhia das Letras, 2006.

BRANDÃO, Carlos R. **A pergunta a várias mãos:** a experiência da partilha através da pesquisa na educação. São Paulo: Cortez, 2003.

BRASIL. Lei n. 9.394, de 20 de dezembro de 1996. **Diário Oficial da União**, Poder Legislativo, Brasília, DF, 23 dez. 1996. p. 27.833.

BUZZI, Arcângelo. **Introdução ao pensar:** o ser, o conhecimento, a linguagem. 31. ed. Petrópolis: Vozes, 2004.

CAPRA, Fritjof. **As conexões ocultas:** ciência para uma vida sustentável. São Paulo: Cultrix, 2002.

CASTORIADIS, Cornelius. **As encruzilhadas do labirinto III:** o mundo fragmentado. São Paulo: Paz e Terra, 1992.

CASTORIADIS, Cornelius. **As encruzilhadas do labirinto IV**: a ascensão da insignificância. São Paulo: Paz e Terra, 2002.

CHAUI, Marilena. **Escritos sobre a universidade**. São Paulo: Ed. da Unesp, 2001.

D'AMBROSIO, Ubiratan. Modernidade, pós-modernidade e educação. **Revista do Programa de Pós-Graduação em Educação nas Ciências**, Ijuí, v. 1, n. 1, jan./jun. 2001.

DEMO, Pedro. **Complexidade e aprendizagem**: a dinâmica não linear do conhecimento. São Paulo: Atlas, 2002.

_____. **Universidade, aprendizagem e avaliação**: horizontes reconstrutivos. 3. ed. Porto Alegre: Mediação, 2004.

DORIA, Francisco A. (Org.). **A crise da universidade**. Rio de Janeiro: Revan, 1998.

FAZENDA, Ivani (Org.). **A pesquisa em educação e as transformações do conhecimento**. 2. ed. Campinas: Papirus, 1997.

FENSTERSEIFER, Paulo Evaldo. **A educação física na crise da modernidade**. Ijuí: Ed. da Unijuí, 2001.

FOUCAULT, Michel. **Microfísica do poder**. 16. ed. Rio de Janeiro: Graal, 2001.

FREIRE, Paulo. **Educação e mudança**. 24. ed. Rio de Janeiro: Paz e Terra, 2001.

_____. **Pedagogia da esperança**: um reencontro com a pedagogia do oprimido. São Paulo: Paz e Terra, 2000.

FRIGOTTO, Gaudêncio. A interdisciplinaridade como necessidade e como problema nas ciências sociais. In: JANTSCH, Ari P.; BIANCHETTI, Lucídio (Org.). **Interdisciplinaridade**: para além da filosofia do sujeito. Petrópolis: Vozes, 1995.

_____. Educação, crise do trabalho assalariado e do desenvolvimento: teorias em conflito. In: _____ (Org.). **Educação e crise do trabalho**: perspectivas de final de século. 7. ed. Petrópolis: Vozes, 2005.

GADOTTI, Moacir. **Boniteza de um sonho**: ensinar e aprender com sentido. Curitiba: Positivo, 2005.

_____. **História das ideias pedagógicas**. 8. ed. São Paulo: Ática, 2001.

_____. **Pedagogia da práxis**. São Paulo: Cortez, 1995.

GAUTHIER, Clermont; MARTINEAU, Stéphane. Triângulo didático-pedagógico: o triângulo que pode ser visto como um quadrado. **Revista do Programa de Pós-Graduação em Educação nas Ciências**, Ijuí, v. 1, n. 1, jan./jun. 2001.

GOERGEN, Pedro. A crise de identidade da universidade moderna. In: MORAES, Silvia E.; SANTOS FILHO, José C. dos (Org.). **Escola e universidade na pós-modernidade**. Campinas: Mercado de Letras; São Paulo: Fapesp, 2000.

_____. Teoria da ação comunicativa e práxis pedagógica. In: DALBOSCO, Claudio A.; TROMBETA, Gerson L.; LONGHI, Solange M. **Sobre filosofia e educação**: subjetividade – intersubjetividade na fundamentação da práxis pedagógica. Passo Fundo: Ed. da UPF, 2004.

GRAMSCI, Antonio. **Concepção dialética da história**. 10. ed. Rio de Janeiro: Civilização Brasileira, 1995.

HABERMAS, Jürgen. **O discurso filosófico da modernidade**. São Paulo: M. Fontes, 2002.

HALL, Stuart. **A identidade cultural na pós-modernidade**. 11. ed. Rio de Janeiro: DP&A, 2006.

HARVEY, David. **A condição pós-moderna**. 9. ed. São Paulo: Loyola, 2000.

JANTSCH, Ari P.; BIANCHETTI, Lucídio. Universidade e interdisciplinaridade. In: _____ (Org.). **Interdisciplinaridade**: para além da filosofia do sujeito. Petrópolis: Vozes, 1995.

KANT, Immanuel. **Textos seletos**. Petrópolis: Vozes, 1985.

KLEIN, Lígia R. Construtivismo piagetiano: considerações críticas à concepção de sujeito e objeto. In: DUARTE, Newton (Org.). **Sobre o construtivismo**: contribuições a uma análise crítica. Campinas: Autores Associados, 2000.

KOSIK, Karel. **Dialética do concreto**. 7. ed. São Paulo: Paz e Terra, 2002.

KUENZER, Acácia Z. Desafios teórico-metodológicos da relação trabalho-educação e o papel social da escola. In: FRIGOTTO, Gaudêncio (Org.). **Educação e crise do trabalho**: perspectivas de final de século. 7. ed. Petrópolis: Vozes, 2005.

LE MOIGNE, Jean-Louis. Complexidade e sistema. In: MORIN, Edgar. **A religação dos saberes**: o desafio do século XXI. 3. ed. Rio de Janeiro: Bertrand Brasil, 2002.

LERBET, Georges. Transdisciplinaridade e educação. In: MORIN, Edgar. **A religação dos saberes**: o desafio do século XXI. 3. ed. Rio de Janeiro: Bertrand Brasil, 2002.

LIBÂNEO, José C. **Adeus professor, adeus professora**: novas exigências educacionais e a profissão docente. 5. ed. São Paulo: Cortez, 2001.

LUNA, Sergio V. de. **Planejamento de pesquisa**: uma introdução. São Paulo: Educ, 1996.

LYOTARD, Jean-François. **A condição pós-moderna**. 7. ed. Rio de Janeiro: J. Olympio, 2002.

MARQUES, Mário O. **A escola no computador**: linguagens rearticuladas, educação outra. Ijuí: Ed. da Unijuí, 2003.

_____. **Educação/interlocução, aprendizagem/reconstrução de saberes**. Ijuí: Ed. da Unijuí, 1996.

_____. **Educação nas ciências**: interlocução e complementaridade. Ijuí: Ed. da Unijuí, 2002.

_____. Educação nas ciências: os novos desafios. **Revista do Programa de Pós-Graduação em Educação nas Ciências**, Ijuí, v. 1, n. 1, jan./jun. 2001a.

_____. **Escrever é preciso**: o princípio da pesquisa. 4. ed. Ijuí: Ed. da Unijuí, 2001b.

MEIRIEU, Philippe. **Aprender sim... mas como?** Porto Alegre: Artmed, 1998.

MÉSZÁROS, Istvan. **A educação para além do capital**. São Paulo: Boitempo, 2005.

MILOVIC, Miroslav. **Comunidade da diferença**. Rio de Janeiro: Relume Dumará; Ijuí: Ed. da Unijuí, 2004.

MORAES, Silvia E.; SANTOS FILHO, José C. dos (Org.). **Escola e universidade na pós-modernidade**. Campinas: Mercado de Letras; São Paulo: Fapesp, 2000.

MORIN, André. **Pesquisa-ação integral e sistêmica**: uma antropopedagogia renovada. Rio de Janeiro: DP&A, 2004.

MORIN, Edgar. **Ciência com consciência**. 5. ed. Rio de Janeiro: Bertrand Brasil, 2001.

_____. **O método 3**: o conhecimento do conhecimento. Porto Alegre: Sulina, 1999.

MORIN, Edgar; CIURANA, Emílio-Roger; MOTTA, Raúl Domingo. **Educar na era planetária**: o pensamento complexo como método de aprendizagem pelo erro e incerteza humana. São Paulo: Cortez, 2003.

NÓVOA. Antonio. Diz-me como ensinas, dir-te-ei quem és e vice-versa. In: FAZENDA, Ivani (Org.). **Pesquisa em educação e as transformações do conhecimento**. 3. ed. Campinas: Papirus, 2001.

OLIVEIRA, Manfredo A. de. **A filosofia na crise da modernidade**. São Paulo: Loyola, 2001.

ORTEGA Y GASSET, José. A rebelião das massas. Disponível em: <http://www.culturabrasil.pro.br/rebeliaodasmassas.htm>. Acesso em: 17 set. 2008.

PERRENOUD, Philippe; ALTET, Marguerite; CHARLIE, Évelyne (Org.). **Formando professores profissionais**: que estratégias? que competências? 2. ed. rev. Porto Alegre: Artmed, 2001.

PINTO, Álvaro V. **Sete lições sobre educação de adultos**. 11. ed. São Paulo: Cortez, 2000.

Piovesan, A. O sucateamento do verbo. In: Garcia, Claudio B.; Fraga, Paulo (Org.). **Filosofia e cotidiano**. Ijuí: Ed. da Unijuí, 2001.

Rego, Tereza C. **Vygotsky**: uma perspectiva histórico-cultural da educação. 16. ed. Petrópolis: Vozes, 2004.

Rouanet, Sérgio P. **Mal-estar na modernidade**: ensaios. 2. ed. São Paulo: Companhia das Letras, 2003.

Sacarrão, Germano F. **Biologia e sociedade**: crítica da razão dogmática. Portugal: Publicações Europa-América, 1989. v. 1.

Sacristán, J. Gimeno; Gómes, A. I. Pérez. **Compreender e transformar o ensino**. 4. ed. Porto Alegre: Artmed, 1998.

Santos, Milton. **Por uma outra globalização**. São Paulo: Record, 2000.

Santos Filho, José C. Educação geral na universidade como instrumento de preservação da herança cultural, religação de saberes e diálogo de culturas. In: Pereira, Elisabete M. de A. **Universidade e educação em geral**: para além da especialização. Campinas: Alínea, 2008.

Santos Filho, José C.; Moraes, Sílvia E. (Org.). **Escola e universidade na pós-modernidade**. Campinas: Mercado de Letras; São Paulo: Fapesp, 2000.

Saviani, Dermeval. **Escola e democracia**. 33. ed. Campinas: Autores Associados, 2000.

Saviani, Dermeval. **Pedagogia histórico-crítica**. Campinas: Autores Associados, 2003.

SCHNEIDER, Paulo R. Universidade. In: GONZALEZ, Fernando J.; FENSTERSEIFER, Paulo E. **Dicionário crítico de Educação Física**. Ijuí: Ed. da Unijuí, 2005.

SEVERINO, Antônio J. **Metodologia do trabalho científico**. 22. ed. São Paulo: Cortez, 2002.

SILVA, Ilton B. **Inter-relação**: a pedagogia da ciência – uma leitura do discurso epistemológico de Gaston Bachelard. Ijuí: Ed. da Unijuí, 1999.

SOETHE, José R. Transdisciplinaridade e teoria da complexidade. In: SOUZA, Ielbo M.; FOLLMANN, José I. (Org.). **Transdisciplinaridade e universidade**: uma proposta em construção. São Leopoldo: Unisinos, 2003.

SOUZA, José C. (Org.). **Filosofia, racionalidade, democracia**: os debates Rorty & Habermas. São Paulo: Ed. da Unesp, 2005.

TARDIF, Maurice. **Saberes docentes e formação profissional**. 2. ed. Petrópolis: Vozes, 2002.

TARDIF, Maurice; GAUTHIER, Clermont. O professor como "ator racional": que racionalidade, que saber, que julgamento? In: PERRENOUD, Philippe et al. (Org.). **Formando professores profissionais**. Porto Alegre: Artmed, 2001.

THAYER, Willy. **A crise não moderna da universidade moderna**. Belo Horizonte: Ed. da UFMG, 2002.

VASCONCELLOS, Celso dos S. **A construção do conhecimento em sala de aula**. 13. ed. São Paulo: Libertad, 2005.

VASCONCELLOS, Maria José E. de. **Pensamento sistêmico**: o novo paradigma da ciência. Campinas: Papirus, 2002.

VATTIMO, Gianni. **O fim da modernidade**: niilismo e hermenêutica na cultura pós-moderna. São Paulo: M. Fontes, 2002.

VÁSQUEZ, Adolfo S. **Filosofia da práxis**. Buenos Aires: Clacso; São Paulo: Expressão Popular, 2007.

VEIGA-NETO, Alfredo. Foucault e educação: outros estudos foucaultianos. In: SILVA, Tomaz T. da (Org.). **O sujeito da educação**: estudos foucaultianos. Petrópolis: Vozes, 2002.

VYGOTSKY, Lev S. **A construção do pensamento e da linguagem**. São Paulo: M. Fontes, 2000.

ZABALA, Antoni. **Enfoque globalizador e pensamento complexo**: uma proposta para o currículo escolar. Porto Alegre: Artmed, 2002.

Bibliografia comentada

DORIA, Francisco A. (Org.). **A crise da universidade**. Rio de Janeiro: Revan, 1998.

Para aprofundamento na temática da condição histórica da universidade brasileira, recomendo a obra "A crise da universidade", organizada pelo professor Francisco Antonio Doria. Esta obra, organizada por Doria, foi escrita por dez professores universitários, entre os quais os reitores da Universidade de São Paulo (USP), da UFPR e da Universidade Estadual de Campinas (Unicamp), que realizaram um diagnóstico profundo da situação da universidade brasileira, bem como das lógicas de pesquisa e de conhecimento que a animam na modernidade tardia.

MARQUES, Mário O. **Escrever é preciso**: o princípio da pesquisa. 4. ed. Ijuí: Ed. da Unijuí, 2001.

> *Para aprofundamento na temática da pesquisa como princípio educativo, recomendo a obra "Escrever é preciso: o princípio da pesquisa", compilada pelo professor Mário Osório Marques. Esta obra possui valor incontornável no debate sobre a relevância da pesquisa na prática universitária. Nela são tratados os temas fundamentais que afligem os acadêmicos na hora da pesquisa, desde a escolha do tema até o processo de formulação do problema, da opção metodológica, do nível exigido para cada etapa da pesquisa, da graduação ao doutorado.*

SEVERINO, Antônio J. **Metodologia do trabalho científico**. 21. ed. São Paulo: Cortez, 2000.

> *Para aprofundamento na temática da metodologia do trabalho científico, recomendo a obra "Metodologia do trabalho científico", compilada pelo professor Antônio Joaquim Severino. Esta obra caracteriza com grande brilho, rigor e profundidade, todos os processos implicados na pesquisa na educação superior, fornecendo os caminhos necessários para a organização da vida acadêmica nesse nível de ensino.*

Gabarito

Capítulo 1

1. b
2. d
3. c
4. a
5. b

Capítulo 2

1. V, V, F, V, F
2. a
3. d
4. V, V, V, F

Capítulo 3

1. c
2. a
3. d
4. c
5. d

Capítulo 4

1. d
2. b
3. a
4. b
5. a

Nota sobre os autores

Sidinei Pithan da Silva é graduado em Educação Física – Licenciatura Plena (1997) e Farmácia (2000) pela Universidade Federal de Santa Maria – UFSM, e mestre em Educação nas Ciências pela Universidade Regional do Noroeste do Estado do Rio Grande do Sul – Unijuí (2005), com tema de pesquisa focado na perspectiva das contribuições do pensamento complexo para a educação. Atualmente cursa o doutorado em Educação do Programa de Pós-Graduação da Universidade Federal do Paraná – UFPR, que tem como linha de pesquisa *As mudanças no mundo do trabalho e a educação*, com o projeto intitulado *Marxismo e*

...ducação Universitária. É professor na Faculdade ...tuando na formação universitária de acadê... ...ucação Física, Pedagogia, Psicologia, Nutrição, ...unicação e também em cursos de pós-graduação, ...onvidado, nas áreas de Educação, Saúde e Teoria do ...to.

Francisco Grezzana é graduado em Educação Física – ...ciatura Plena (1987) pelo Centro Universitário Diocesano de ...almas/PR – Unics, especialista em Administração Esportiva (1993) pela Universidade Gama Filho – UGF e mestre em Educação (2000) pelo Unics. É professor na Fadep, atuando na formação universitária de acadêmicos do curso de Educação Física e também em cursos de pós-graduação, como professor convidado, nas áreas de Educação e Psicologia do Esporte.

...éis utilizados neste livro, certificados por ... ambientais competentes, são recicláveis, ... de fontes renováveis e, portanto, um meio ...vel e natural de informação e conhecimento.

FSC
www.fsc.org
MISTO
Papel produzido
a partir de
fontes responsáveis
FSC® C103535

Impressão: Reproset
Novembro/2021